声を刻む

在日無年金訴訟をめぐる人々

中村一成

インパクト出版会

■目次■

写真・中山和弘

はじめに
「他者」を拒み続ける国

二〇〇五年一月一八日。

法務省入国管理局に難民申請を却下され、埼玉県川口市で生活をしていたトルコ国籍のクルド人、アハメッド・カザンキランさん（一九五六年生）と息子のラマザンさん（一九八三年生）の二人が、東京入国管理局によって、国籍国であるトルコに強制退去させられた。二人は前年の二〇〇四年、夏から秋にかけての七二日間にわたり、やはり難民申請を却下された他のクルド人らと共に、国連難民高等弁務官事務所（ＵＮＨＣＲ）の事務所が入っていた東京都渋谷区の国連大学前で、座り込みをしていた。

カザンキランさんはトルコ政府のクルド人政策に異を唱える政治運動にかかわり、当局から弾圧される危険を感じたとして、一九九〇年に来日したという。その後、家族を呼び寄せ、ともに暮らしていた。一九九六年、日本政府に申請した難民認定は却下され、不認定処分の取り消しを求めた訴訟は敗訴に終わった。他に打つ手もなく、炎天下の国連大学前で二カ月以上も座り込みをした彼らの訴えに対し、日本政府は二〇〇五年一月一七日、カザンキランさんとラマザンさんを収容、そして翌朝には成田空港に連れて行き、午後二時一〇分の飛行機で強制送還するという措置で応じたのだった。

カザンキランさんたちはUNHCRが「国際的な保護の必要性」を認定した、いわゆる「マンデート難民」だった。[1] 国連機関が認めた難民であること。それは、彼らが置かれている事態の深刻さと、受け入れの必要性を表している。日本政府はその彼らを、UNHCRが検討していたという日本を「経由」しての第三国への送還ですらなく、あろうことか、彼らがそこから逃れてきた国であるトルコに向けて送り返したのである。マンデート難民の強制送還は国際的にも前例がないという。[2] カザンキランさんには連れ合いと、強制送還された息子以外にも四人の子どもがいる。しかし全員が法務省から、日本の国境外へ自主的に退去するよう命令されている（二〇〇五年四月現在）。ただ静かに暮らすことを望む人々に、強制収容翌日の送還という異例の措置で応じた法務省の暴挙。抗議した野党国会議員に対し、法務官僚は「家族も送還するので家族的結合からも問題はない」と言い放ったという。

一方でこの国は、ペルー大統領の座を二〇〇〇年に罷免された後、軍に命じての市民や学識者の殺人や、公金横領の実態が暴露され、国際刑事警察機構（ICPO）からは住民虐殺の容疑で国際手配されている「日系人」アルベルト・フジモリ容疑者を、ペルー政府の再三にわたる身柄引渡し要求を拒んで「保護」し続けている。「日本国籍が確認された日本国民だから」（強調筆者）がその理由だ。

延々と繰り返される、難民認定あるいは定住「許可」の問題を通じて見えてくるのは、そこに暮らす人に対し、極めて恣意的に規定される「国民」と、「非・国民」の線引きをし、暴力的な介入を行い、人と人のつながりを破壊して恥じない、この「国家」のグロテスクさである。一〇年以上もこの国で暮らしてきた人たちがここに生きることの正当性を国家が否定し、拘束し、最後は強制的に追い出す。その一連の行為からは、日本で生きて暮らす権利は、基本的に、日本国籍を持つ者と在日米軍関係者にだけあり、それ以外の者たちが存在しえるのは、権利ではなく国家から「恩恵」として認められているに過ぎない、他者に居住の権利などはありえず、ただ我々国家の側にだけ、やってくる者たちをいかようにしてもよいとの思想が透けてみえる。

いったいなぜ、ここまで他者を拒み、均質にならされた国民の集まりを展望するのか。いったい何に固執し、何を守るために、ここまで人を抑圧できるのか。アイヌモシリ、沖縄、台湾、朝鮮、中国……、侵略と略奪を重ねた自らの近現代史を覆い隠し、その責任で生み出した「難民」の存在を忘却しようとする姿。その、虚飾で塗り固めた「国民の歴史」が、他者の存在によって揺らぐことを恐れているのか。これがこの国の敗戦後六〇年目の行為である。(3)

世界で最も激しく、国民から遠い者たちを拒み続けるこの国の現状は、現在も続く歴史的な不正、すなわち在日朝鮮人(4)を中心とした旧植民地出身者への処遇との合わせ鏡でもある。(5)日本政府は、支配領域の拡大によって朝鮮や台湾の人々に日本国籍を押しつけながらも、戸籍制度を巧妙に用いて「内地」と「外地」を峻別し、処遇を差別しつつ、戦況が進むにつれ「日本国臣民」であることを「理由」に、多くの人々に侵略戦争の一端を担わせた。その上、敗戦後には一方的に国籍を剥奪し、歴史的責任への補償どころか基本的人権であるはずの社会保障からも排除し続けてきた。国民年金制度が長く、日本国籍者と、条約で内国人待遇が義務づけられていた米国人以外を排除していた影響で、一九八六年四月一日段階で六〇歳に達していた在日外国人の高齢者と、一九八二年一月一日の時点で成人だった外国籍の「障害者」が無年金であることは、その代表的な問題である。最低限の所得保障からも排除されたまま放置された制度的無年金者たち。その大半は旧植民地出身者の在日朝鮮人である。

提訴のため京都地裁に入る原告たち。この国の近現代史を正面から問う訴訟である。(2004年12月21日)

　この「国民の歴史」の裏面史を暴露し、国家の責任を問う訴訟が関西方面で相次いでいる。二〇〇〇年三月、京都地裁で始まり、二〇〇五年四月現在、大阪高裁で係争中の「障害者」無年金訴訟、二〇〇三年一一月、大阪地裁に提起された在日高齢者訴訟。そして二〇〇四年一二月二一日、京都地裁での在日高齢者の集団訴訟である。長年に渡る行政交渉、そして司法の場への訴え。二〇〇四年の臨時国会では、年金制度外の「福祉的措置」として一時金により「無年金障害者の救済」を謳う法律が成立したが、その対象は任意加入時代に未加入で障害を負った日本人に限定され、在日はまたもや排除された。「福祉的措置」とは本質において国の裁量による「恩恵」を意味する。その前提となっているのは、無年金の障害者がいる現実に対して政府に瑕疵はないが、その窮状を見かねて「救済」するという発想である。だが、その「福祉的措置」の対象からすら、立法府は当然のように在日を排除したのである。捨て置かれ続ける現実に抗い、あえて金も時間もかかり、地域や家族との摩擦を起こしかねない訴訟に踏み切った原告たちの声は、この国の地顔を浮き彫りにせずにはおかない。

（1）ＵＮＨＣＲが独自の判断で、難民条約上の難民と同様の状態とみなし、人道的見地から保護すべきとした人たちへの認定のこと。この場合のマンデートとは「任務」を意味している。すでに四半世紀前に難民条約を批准した日本で、国連機関の判断とは違う難民認定がまかり通っていること自体、日本の難民鎖国ぶりを示している。
（2）二〇〇五年一月一九日付「朝日新聞」大阪本社発行版朝刊など。
（3）二〇〇五年一月時点での東京入国管理局長は坂中英徳氏が務めていた。彼は一九七七年、いわゆる

「坂中論文」で、在日は「『朝鮮系日本人』を目指すべきだ」などと主張し、議論を呼んだ人物である。論文発表から四半世紀以上を経て、外国人の権利擁護を訴えている複数の運動団体は、彼の「理論」を取り込む形で運動を進めている。「多文化共生」を掲げて運動する人たちが、全国の入国管理局のなかでも、もっとも強硬に外国籍者を強制収容し、強制送還している東京入管の最高責任者の「理屈」を傾聴し、内面化している実態は、それ自体、検証されねばならないことだが、これについては別の機会に論じることにしたい。

（4）韓国籍、朝鮮籍、日本国籍をとわず、植民地支配の結果、日本で暮らすことになった朝鮮民族の人々及びその子孫の総称として、ここでは「在日朝鮮人」を使用する。

（5）法務省が発表した二〇〇四年度の難民認定の申請は四二六人。うち認められたのは一五人（前年までの申請者も含む）。在留特別許可は九人だった。ちなみに二〇〇三年は申請三三六人に対し、認定はたった一〇人に止まっている。UNHCRのまとめた同年の主要受け入れ国の実績は、米国二万八四二〇人（申請は六万七〇〇〇人）、カナダ一万七三〇〇人（同三万一九〇〇人）、ノルウェー一六三〇人（同一万六〇〇〇人）などとなっている。

I章 私たちだけ先送りはなぜですか

金順喜さん

二〇〇四年一二月三日。

議員立法「特定障害者給付金法案」が成立した。無年金「障害者」の「救済」を謳いつつ、在日は当たり前のように排除されていた。京都地裁の司法記者室で、全国各地で係争している集団訴訟、学生無年金訴訟の京都原告団と、京都地裁で棄却され、大阪高裁で係争中の在日外国人「障害者」無年金訴訟の原告団による抗議の合同記者会見が開かれた。

「どうやって解決するのか。何とか努力して頑張って行きたい」。出席した在日外国人「障害者」無年金訴訟の原告団長、京都市在住の金洙栄《キムスヨン》さんは、手話と、喉の奥から絞り出すような甲高い声で訴えた。

私がこの場所で、彼の出席した会見を目にするのは少なくとも三度目になる。彼が原告団長を務める訴訟に対して、京都地裁が言い渡した棄却の判決を受けた会見であり、司法の壁に悩んだ末、それでもと自らを奮い立たせて決めた控訴の会見であった。理屈上は三権の一角である裁判所が、わずかでも金さんたちの思いに応えたことを受けての会見は一度もない。

金さんは、一九五二年三月、つまり旧植民地出身者が日本国籍を剥奪される約一カ月半前に、福井県に生まれた。国民年金制度に外国籍者が入れるようになったのは金さんが三〇歳の時である。当然、支給されるものだと思い、区役所に行ったが、担当者はただ上を指差して、「（上が決めたことだから）駄目だ」と繰り返した。

知人の紹介で、一九八〇年代から活動している市民団体「年金制度の国籍条項を完全撤廃させる全国連絡会」（事務局・京都市南区）につながり、学びを重ねることでようやく、自分を取り巻く状況は、自分が悪いのではなく、正されるべき不正なのだと分かったという。金さんは聴覚障害を持つ同胞を募って学習会を開き、旧厚生省（現在の厚生労働省）と交渉を重ねた。しかしいつまでたっても行政から誠意ある回答が得られない現実に、原告を集め、やむなく裁判を起こしたのだった。だが、金も時間も、労力もかかる法廷での闘いが行き着いたのは、在日外国人の排除は合理的区別だとする判決だった。

給付金法成立後、京都市内で開かれた集会。「なぜこうなるのか？」。壇上に並んだ国会議員に、金洙栄さんは怒りをぶつけた。

特別給付金法で、またも重ねられた在日排除の歴史。

エネルギッシュで押しが強く、時に弁護団や国会議員を怒鳴りつける彼が、つとめて冷静に、集まった記者たちに法案の不当性を伝えよう、自分たちの主張を理解してもらおうとする姿は痛々しくもあった。

「まあ、頑張るわ」。約三〇分の会見のあと、扉に向かいながら金さんは私に言った。彼と出会って五年。その手と口がこの言葉を発するのを聞くのは何回目になるのか。そしてあと何回、この国は彼に同じ言葉を発し続けさせるのだろうか。私は記者室を出た金さんを追いかけた。「悔しいわ……」。視線を宙に泳がせながら金さんが発した言葉は、はっきりとは分からなかったが、私にはそう聞こえた。

二〇〇三年八月に京都地裁で敗訴した後、勤めていた清掃会社が倒産し、金さんはごみ収集の仕事を失った。本来は西陣織の職人で、親の代から引き継いだ小さな織物工場を持っているが、バブル崩壊後、仕事はなく、織機は人に貸している。高校生から小学生まで三人の子どもがいる。二歳年下で、同じく聴覚「障害者」の妻（一九五二年生）も無年金だ。

金洙栄さんは、はしかの予後で「障害者」となった。そのことに責任を感じていた母は、息子の将来を悲観し、自らに保険金を掛けて自殺未遂をしたこともあったという。その母も八〇歳をとうに越えていた。同じく無年金である。

「オモニ（母親）は悪くない。頼むから死ぬのはやめてくれ」。病院のベッドに横たわる母にすがったことは、金さんにとって何よりも悲しい記憶だ。

「どうやって食べればいいのか分からない」と語り、金さんは続けた。「ただ公正にしてもらいたい。それだけなんです」。

金さんたちが仮に日本人だったならば、少なくても二人の障害年金と、オモニの老齢年金の計約二〇万円に、子ども一人あたり年間二二万八六〇〇円（三人目以降は年額七万七一〇〇円、二〇〇五年三月段階）の加算金がつくのだが、在日朝鮮人である金さんにそれはかなわない。土地と家を所有していることがネックとなり、金さんは生活保護も受給できない。

会見で金さんが強調したのは、自身のオモニの世代、つまり在日高齢者の置かれた状況だった。臨時国会終盤には、法案をめぐる与野党の「条件闘争」で、在日「障害者」については、「必要があると認めるときは」「所要の措置が講ぜられるものとする」との付則が盛り込まれた。こうした場合、通常は法令の見直しの年限が入るものだが、与党の抵抗でそれも削除された。また、付則の文章自体、逃げ道として利用されかねない曖昧模糊としたものではある。だが、在日高齢者の処遇は付則にすら盛り込まれず、法的な拘束力もない付帯決議にとどまったのだった。京都地裁での抗議会見で、金さんは語った。

「無年金となっている在日高齢者は日本の植民地支配による苦労を最も受けた世代です。日本社会の中で差別され、多くは劣悪な環境に追いやられてきました。それでもなお必死に働き、税金も納めてきています。そういう世代の在日高齢者が戦後補償はおろか、住民として当然の権利である社会保障の平等さえ持っていないのです」。

日本の社会保障史は国籍による外国籍者排除の歴史である。[1] 一九四五年の敗戦で連合国軍総司令部（ＧＨＱ）の占領下に置かれた日本政府は、この年一二月、「婦人参政権付与」などを盛り込んだ衆議院議員選挙法の改定を行い、同時に、旧植民地出身の在日朝鮮人、台湾人の選挙権、被選挙権を停止した。[2] 憲法施行前日の一九四七年五月二日には、昭和天皇最後の勅令である「外国人登録令」（後の外国人登録法）で、在日していた旧植民地出身者を「外国人」とみなし、管理の対象とする一方、「在日朝鮮人はいまだ日本国籍を有する」と規定した。そして、解放後の朝鮮人が、奪われた言葉や文化を取り戻すため、日本各地に作った民族学校に子どもが通うことを禁じ、警察を導入しての弾圧まで行った。

一九五二年、サンフランシスコ講和条約の発効で、ＧＨＱの支配が終わる。同時に日本政府は、一編の民事局長通達で旧植民地出身者の国籍を剥奪する。同年に施行した戦傷病者戦没者遺族等援護法にはここぞとばかりに附則で国籍条項を盛り込み、翌年にはＧＨＱの指示で廃止されたはずの軍人恩給を日本人のみを対象に復活させた。その一方で、皇国臣民として戦争を経験させた朝鮮人、台湾人たちを、国籍を「理由」に補償からしめ出した。その後も政府は、社会保障法にことごとく国籍条項を設けて、外国籍者を排除してきた。植民地支配で押しつけながら、戦後は一方的に剥奪した国籍を理由にして、である。一九五九年に成立した国民年金法もその流れのなかにあった。

国民年金法は、朝鮮民主主義人民共和国（北朝鮮）への「帰国」事業が始まった一九五九年、「国民皆年金」を掲げて成立した。原則として二〇歳から六〇歳の間に二五年間、加入すれば年金が受給できる相互扶助制度である。だが、同法は国籍条項を設け、加入対象者を、日米友好通商条約で内国人待遇を義務づけられていた米国人を例外として、日本人に限っていた。国民年金法が制定された時、日本政府に登録（管理）されていた外国籍者のうち九割以上が在日朝鮮人だった。誰を対象に、日本で暮らす生存権を否定したのかは明らかだ。

条文を見てみよう。国民年金法はその一条で、年金法の目的をこう定義している。

「老齢、障害または死亡により国民生活の安定が損なわれることを国民の共同連帯で防ぎ、国民生活の維持と向上に寄与する」。

ここからも明らかなとおり「生活」とはあくまでも「国民生活」であり、「共同連帯」もまた「国民の共同連帯」なのだ。この国では、すべてが日本国民のためにあり、社会保障すら、その権利は日本人のみで、外国人の社会保障は、仮にあっても、「恩恵」とする発想からしか法律もつくられていないことが分かる。

現在、国民年金法の「国民」は、「日本国民」に限らず、外国人登録をした外国籍者を含んでいる。政府が主体的に読み替えをしたのではない。「外圧」の結果である。一九七五年、日本は念願のサミット（先進国首脳会議）参加国となった。そして東京サミットで議長国を務めた一九七九年、ようやく国連人権規約を批准し、それを機に通達で、それまで外国籍者を排除していた公営住宅への入居が開放されることになる。その後、ベトナム戦争で生まれたいわゆる「インドシナ難民」の受け入れに消極的な日本政府の姿勢に「先進国」からの批判が高まり、一九八一年、日本政府は国連の難民条約の批准に追い込まれる。難民条約は社会保障における内外人平等を定めている。この難民条約批准にともない、国民年金法と児童扶養手当法など、いわゆる児童手当三法から国籍条項が撤廃された。入国した難民が年金に加入できるようにするため、法文上から国籍条項は消え、外国籍者に年金加入の道が開かれた。だが、日本政府は「制度の拡大であり、創設ではない」として、それまで排除してきた人への経過措置はとらなかった。渡日した難民が入れるように国籍条項を外したのであって、それまで入れなかった旧植民地出身者らへの配慮は必要ないという発想だ。その結果、加入最低期間の二五年を満たさない当時三五歳以上の人々は国民年金から排除された。さらに、附則を設けるなど徹底した排除で無拠出制の老齢福祉年金からも外国籍者は排除された。

一九八五年に国民、被用者、共済の三年金を一本化する法改定がなされた際、外国籍者を排除していた二〇年九カ月（掛け金徴収開始日の一九六一年四月一日〜国籍条項が廃止された一九八二年一月一日）を加入期間に算入し、最大六五歳まで可能な任意加入を利用して、二五年間の加入期間を満たせば受給が出来るとする、いわゆる「カラ期間」という措置がとられた。これは、外国籍者に対しても適用された史上唯一の経過措置だった。しかし、日本人には何度も適用された追納措置などの受給額是正策がとられなかったため、仮りに年金に加入しても極めて低額しか受給できなかった。たとえば月額約三万四〇〇〇円の老齢福祉年金を上回る金額を受給できる在日は、一九四一年一一月以降に生まれた人である。一九二九年九月以前に生まれた人ともなると、もし加入しても受給額は二万円に達しない。(3) それに、激しい就職差別で経済的に困窮し、貧困にあえぐ世帯が多かった在日朝鮮人にとって、数十年後の月一万数千円のために、毎月その六、七割に相当する掛け金を支払い続けるということが、はたして現実的な選択肢だと言えただろうか。また、加入する可能性が開かれたことについての行政側からの広報も不十分で、多くの人がその事実を知らずに無年金となった。外国人の無年金者は「障害者」が五〇〇〇人、高齢者が三万五〇〇〇人と推計されている（「障害者」は二〇〇三年、高齢者は二〇〇四年段階）。

一方で制度創設時に政府は理屈上、資格を満たせない当時三五歳以上の日本人に対しては、加入期間を短縮した。また、任意加入時期を再三延長し、受給額を是正した。さらには当時、五〇歳以上の人には、七〇歳で自動的に支給される無拠出年金「老齢福祉年金」を創設し、彼らが無年金となることを防いだ。いわゆる「経過措置」である。外国籍の無年金者に対し、制度発足時に日本人に対して行ったのと同様の「経過措置」をとらないことについて日本政府は、経過措置はスタート時点だからこそ行ったものであり、制度開始後には技術的にも行えない、などと繰り返してきた。

だが、実は例外もあったのだ。まず、戦争後、占領されていた小笠原諸島（一九六八年）と沖縄（一九七二年）の「本土復帰」時、そこの住民たちに対してとられた措置である。この時、日本政府は、彼、彼女らが制度発足時から加入していたとみなし、他国統治下にいた二〇歳以降の期間を「障害者」や生活保護受給者たちが申請できる免除期間とし、三分の一の国庫負担分の受給を可能にした。その上で、二〇歳を越えていた「障害者」と、五〇歳以上の高齢者については制度発足時を復帰時に読み換え、福祉年金の受給を可能にした。沖縄については、独自に設けられていた年金制度の掛け金を編入する措置がとられた。

そして、中国「残留」孤児と北朝鮮による拉致被害者については支援立法を行った。中国「残留」孤児については、「カラ期間」と、後には追納を認め、少なくとも国が負担する国費分（年金受給額全体の三分の一）が受給できるようにした。さらに、拉致被害者に至っては、国が年金料を全額補填する形で満額受給が出来るようにした。すべては「自身の責任によらず、加入できなった」ことが理由である。住民の生存権保障にさまざまな措置を講じる。これは国として当たり前のことである。ではなぜ外国人にはとらない？　自らの責任によらず加入できなかったのは同じである。しかも、ほかでもない日本政府の意向によって排除されたのである。そこに出てくる厚生労働省の答えは「沖縄、小笠原諸島の住民、中国残留孤児、拉致被害者は『日本人』だった」なのである。(4)

植民地支配により日本国臣民として、侵略戦争の一端までをも担わせながら、敗戦後は戦後補償どころか同じ社会に生きる人々を社会保障からも徹底して排除してきた日本という国の

「犯罪の歴史」がここにある。それは、「国民の歴史」の裏面史にほかならない。過去に向き合おうとせず、今も続く不正を糊塗しようとする発想は、他者不在の「国民国家」を自明とし続け、ともに生きることを考えようともしないこの社会の病理に通じている。日本政府がその責任において生み出した「難民」である在日朝鮮人ら旧植民地出身者に対し、あろうことかその基本的人権すらも認めようとしない姿勢は、世界でもっとも執拗に、海外からやってくる難民をさらに迫害し続けるこの国の現在の合わせ鏡でもある。

金洙栄さんがやり切れない思いを訴えた会見の五日後、私は在日三世金順喜《キムスニ》さんを京都市南区東九条にある彼女の自宅に訪ねた。原告ではないが、彼女も会見に出席し、在日朝鮮人「障害者」の一人として発言していた。

一階の金さんの部屋には二〇〇四年に死去した父親の写真が立てかけてあった。年金がないことなど、娘である金さんの将来を最期まで気にかけていたという。妹と弟は独立し、金さんは現在、母親（一九三八年生）と二人で暮らしている。

「これを見たうえで、質問していただけませんか？　同じことを何回も言うのは嫌なので」。個人史を聞こうとした私に、彼女は申し訳なさそうな表情でそう言うと、クリップでまとめた紙の束を渡した。彼女が朝鮮学校で講演した際の原稿だった。

一九六一年七月、九カ月の未熟児で生まれた金さんは、因果関係は不明だが脳性まひで一種

金順喜さん。外国人差別の象徴である指紋押捺も「私にとっては、朝鮮人として認められたようで嬉しかった」。

一級の「障害者」と認定され、養護学校に通わされた。四年生の時にはいじめを受けた。きっかけは一九七三年八月、来日中だった韓国の民主化運動家、金大中《キムデジュン》氏（のちに大統領）が東京のホテルから何者かに連れ去られ、五日後、韓国の自宅前で発見された事件だった。当時、韓国は朴正熙《パクチョンヒ》大統領の軍事独裁政権下にあった。実行したのは韓国の諜報機関とみられ、日本政府が韓国政府に抗議する外交問題に発展した。

「金と金をひっかけて、黒板に金大中と書かれ、はやしたてられた。『その程度』かもしれないけど、朝鮮人がたくさん住む地域で育ってきた私にとってはショックだった」。

一方で、家族の中でも疎外感は深まっていった。「健常者」だった妹と弟は、朝鮮学校に通わせてもらえた。

「近所で見ても仲のよいきょうだいだったのに、妹や弟の話題についていけなくなった。一六歳の高等部進学時には民族学校編入を希望したけど、通学や寄宿舎生活は無理といわれ諦めた。

自分には居る所がない。きょうだいが羨ましくて、悔しくて、どうしようもなく腹立たしかった。辛くて、オモニに当たった」。

当時の煩悶の中、金さんは指紋押捺を経験している。旧植民地出身者を治安管理の対象として徹底管理する目的で作られた外国人登録法に基づく制度である。これにより、在日外国人を潜在的犯罪者とみなす指紋押捺や外国人登録証明証の常時携帯が義務づけられた。外国人登録証明証は、不携帯を理由に逮捕すらできるという弾圧の道具でもあった。指紋押捺は、人権侵害として国際的な非難を浴びてきた制度だが、「居場所のなさ」に苦しんできた金さんは呟いた。「私にとっては、朝鮮人として認められたようで嬉しかった」。

自身が無年金であることを意識したのは、養護学校高等部でのことだ。一般に、二〇歳になると年金制度への加入資格が生まれるが、それ以前に障害を負った場合、二〇歳から障害年金の支給が始まる。金さんの学友たちの中にも、成人に達し、障害年金を受給する人が現れだしたのだった。

「学校では私、日本語読みでジュンキって呼ばれてたんですけど、『ジュンキ、通知は来てる？』って聞かれたんです。日本人の友人たちは支給が始まっていて、障害基礎年金を小遣いに充てたりするんですけど、私にはなかった」。

ほどなく日本政府は難民条約を批准し、その翌年の一九八二年、国籍条項が撤廃された。「これで日本人とも等しく扱われるようになるのではないか」。金さんのそんな期待は踏みにじられた。一九八二年一月一日段階で加入年齢である二〇歳を越えていた外国籍「障害者」であった金さんたちに、無年金防止のために、さかのぼった措置はとられなかった。新聞を丹念に繰って調べると、「なおも従前の例による」との附則があり、制度発足時、無年金防止措置としてなされた無拠出の福祉年金制度からも外国籍者は排除されていることを金さんは知った。「なんでそこまで私たちを差別するのか、なぜなのかがどうしても分からなかった」。

国会では批准時から在日を含む無年金者の問題は取り上げられた。だが、立法府は問題を放置し続ける。市民団体は行政交渉を繰り返すが、行政府から誠意ある回答はなかった。延々と続く排除の歴史に対し、二〇〇〇年三月、京都府内の在日朝鮮人「障害者」七人が、国などを相手取り、障害年金不支給決定処分の取り消しと慰謝料の支払いを求め、京都地裁に裁判を起こした。埒のあかない行政交渉に業を煮やした結果だった。金さんは原告には加わっていない。「思いは強くても、自分をさらす力はなかった」という。

政府が動き始めたのは翌二〇〇一年だ。任意加入時代に加入せず、成人してから「障害者」となったため無年金である元学生の日本人計三〇人が国を相手取り、全国九カ所の地裁に同趣旨の集団訴訟を起こしたのだ。二〇〇二年、当時の厚生大臣、坂口力氏は「坂口試案（私案）」を公表する。元学生や主婦、海外生活を送っていたため、年金制度に加入できず無年金になっている人、そして在日外国人「障害者」に一律で給付金を支給する施策だった。だが、「年金給付に相当する給付が行われることになれば、保険料を拠出していなくても同じ給付が得られることとなり、拠出制の年金制度に重大な影響を与える」と、あくまで恩恵的な福祉措置であることが強調され、さらに、金額は障害基礎年金の半額程度の四万円で、施設入所者を排除するなど解決には程遠い案だった。

二〇〇二年一二月には、在日を含む無年金「障害者」問題の解決を目指す超党派の議員連盟が結成された。一気に壁が崩れるかとも思われたが、行政サイドは抵抗した。「メディアでも坂口試案が取り上げられ、無年金障害者問題の解決に向けて盛り上がっているようにはみえた。でも根本的に、厚生労働省にはやる気はなかった」と、議連の中心メンバーの一人は打ち明ける。「大臣が試案を打ち上げたはいいが、厚生労働省は財政問題を持ち出した。その後は『まずは調査』と外部に生活実態の調査を委託し、我々にも『結果が出てから』の一点張り。調査の報告は遅れに遅れた挙句、その後は、『年金制度全体の改革が終われば取り組む』と繰り返した」。付け加えれば、国立の三施設を修了した調査の対象者約六〇〇人の中には、自らの意志によらず最低限の所得保障から排除されている在日外国人は入っていなかった。

膠着していた事態が動いたのは、司法判断だった。在日外国人「障害者」無年金訴訟で京都地裁が訴えを棄却した翌年、学生無年金訴訟では東京と新潟の両地裁で立て続けに原告勝訴の違憲判決が言い渡され、ついに立法府は重い腰を上げた。だが、「救済」を掲げた法案の内容からは外国籍者が除外されていた。同じ趣旨の訴えをした外国人の訴訟は「立法府の裁量」で切り捨てられる一方で、日本人の提訴は、衆院選を控えた議員である厚生労働大臣から試案（私案）を引き出し、司法と、そして国会を動かす。そして法案の対象はまたも日本人のみだった。「ぬか喜びの繰り返しだった」と金さんは話す。

国籍条項が撤廃され、現在、国民年金は在日外国人も強制加入となっている。現在、障害基礎年金が支給されていない金さんにも年金料の徴収はやって来る。「たまらなく嫌気が刺す瞬間」だという。金さんは、「（老齢年金受給開始の）六五歳まで生きられるか分からないから」と支払い免除を受けている。毎年、提出する申告書には外国人登録証のコピーなどを貼付して社会保険庁に郵送し、同庁から認可を受ける。

「私の障害が治るわけはないのに、毎回、社会保険庁の許可を得ないといけない。今、必要な年金から私たちを排除しておきながら、六五歳以降の受給のために掛け金を納めなさいなんて……、陰湿ないじめとしか思えない」。

物心ついた時から嫌というほど思い知らされてきた、この国で旧植民地出身者の在日朝鮮人であるという現実、今も続き、改善しない状況の只中にいる一人として、胸中をさらすことは、どれほどの屈辱と無力感をあらためて彼女に思い起こさせるのだろう。

「特定障害者給付金法案」が衆院を通過しようとしていた二〇〇四年一一月一六日、千代田区の衆院議員会館で緊急の院内集会が開かれた。居並ぶ議員や秘書、市民団体のメンバーと共に、在日朝鮮人三世の発言者として金さんも出席していた。法成立から四五年、国籍条項の撤廃から二二年が経つ。あい変わらず在日外国人が置き去りにされている状況を何とか打開しようと緊急に開かれた集会だった。「本当は行きたくなかった。こうなることは分かっていたから」と金さんは言う。

「通常国会の時から排除方針は分かっていた。やっぱり、結局、（私たち在日を）外すんだと思った。それに二〇年も前から分かっていて、何をいまさら『救済』なんだと。どうしたら議員に自分の気持ちが伝わるのかと。がっくり来るというより、『またや』というのが正直な感想だった。選挙の投票権もない私たちの言うことを議員は聞かない。私たちは、植民地支配の結果として日本にいる。だから私たちの処遇改善は、戦後補償がちゃんとされない限りダメなんじゃないかと思う」。

院内集会の前には、集会に参加するため全国から集まった仲間たちと、国会議員の部屋を回り資料を届けた。与党議員の中には秘書が最初、受け取りを拒む者までいた。坂口試案公表から二年余り。国会議員の多くにとって、問題は「既に解決」していた。厚生労働省と市民団体との面談にも参加した。しかし、役人たちは「国会開会中に動くのは立法府の軽視につながる」と実効ある回答を頑なに拒んだ。

「言語障害のある当事者も発言した。それなりに言語障害のある人とも接してきた私だって聞き取れない。ましてや役人たちは、彼が何を言っているか分からないはずなのに、聞き返しもしない。まったく関心がないから、ただ時間が過ぎるのを待っているのがみえみえだった」。

院内集会では、議連発足時に名前を連ねた与党議員は全員が欠席した。試案で「先鞭」をつけたはずの政党に所属する議員は、誰一人として出席していなかった。金さんは書き上げた原稿を両手で握り、読み上げた。


国籍要件で今回もまた私達は排除され、学生、主婦無年金者は救済する。

私達だけ先送りは　なぜですか?

国籍で区別は出来ても障害があって日本に住むのに。

日本人も外国人も辛く苦しいのは同じです。

差別の論理はいい加減やめてください。

私達は日本で暮らすしか生きていけません。

障害の程度こそあれみんな生活に困窮し生きるのに疲れています。

どうか私達にも日本人の方と同様の救済法案をご審議していただき、日本に住む障害者として安心できる日本社会にして下さい。

今日この場にこられなかった在日障害者　仲間　すべての思いです。

どうか真剣に取り組んでください。

よろしくお願いします。


腹立たしくて、出席した野党議員たちの表情は覚えていないという。「『あなたたちはどんな思いでこの場にいるんだ。話を聞いてそれでどうなるんだ』。こんな思いで一杯だった」。帰宅後は参加者名簿も棄ててしまった。「関係ない、と思って」。

「自明のこと」と言わんばかりに在日外国人を排除した法案が成立した一二月三日、京都地裁内の司法記者室で開かれた抗議の記者会見に、金さんは迷った末、当事者の一人として出席し、金洙栄さんに続いて発言した。「在日外国人『障害者』無年金訴訟の原告は聾唖者や聴覚障害の人たち。でも例えば、脳性まひでの重度障害者となっている人には、一人で外に出れない人も多い。自身の処遇に諦めがあるから誘っても『何を今さら』と断られることも多い。だけど私はメディアの人たちに、いろんな障害者がいることを知ってもらいたかった」。

会見には原稿を用意して臨んだ。「難しい言葉を並べようかとも思ったけど、率直な思いを正確に伝えたかった。整理した文章を読んで、この機会に分かって欲しかった」。カメラが並び、記者たちの視線にさらされる机の向こうで、金さんは院内集会で議員に読んだアピールを両手に握り締め、切々と読み上げた。電動車椅子に座った小柄な体から発せられる声は、何度も詰まり、次第に震え始めた。

植民地支配の実質的な開始から一〇〇年近くを経た後、今も旧宗主国で抑圧にさらされ続ける人びとが、恐らくは政府によって生存権を否定されることはない多数者たちに向けて、屈辱感の連続であった自身の生をさらして声を上げる。犯罪の歴史を隠蔽しようとする圧力が常に降りかかるなか、被害者が自身の痛みを加害者に分かるように語らなければならないこと自体、耐え難い理不尽である。そしてこの社会で被害者たちは得てして、自分たちが訴える不正が伝わるどころか、さらにそれをおとしめ、塗り潰そうとする力にさらされる。被害者たちを見舞う幾十もの蹂躙、そして暴力の歴史はいったい、いつまで続くのか。金さんは結んだ。

「私も当事者としてこのように訴えましたが、今日このような残念な結果になりました。このような在日抜きの救済法案に私達は強く強く抗議します……」。

（1）社会保障と国籍条項については、田中宏『在日外国人　新版』（岩波新書、一九九五年）などを参照した。

（2）衆議院議員選挙法それ自体の本文に定められているのではない。附則で「戸籍法の適用を受けざる者」に対し、「当分の内これを停止す」として、参政権を奪った。いわゆる「戸籍条項」である。同じ「日本国臣民」としながら、朝鮮人、台湾人の戸籍は出身地にあり、「内地」に転籍させることは認められていなかった。当初、在日していた旧植民地出身者の参政権は、講和条約締結まで認める方針が閣議決定されていたが、最終案になって「戸籍条項」が入った。

この変化について、朝鮮近代史の研究者、水野直樹さんは、当時の選挙制度調査特別委員会の中心者だった清瀬一郎（東京裁判で東条英機元首相の主任弁護士を務めた。文部大臣を務め、六〇年の安保強行採決時は衆議院議長）が作成し、政府、議会関係者に配った文書を発見している。清瀬は、当時約二〇〇万人いた「内地」在住の朝鮮人に、もし政治参加の権利を認めるならば、日本国内に「民族の分裂」を招き、「天皇制の廃絶を叫ぶ」候補者が出てくると主張している。水野直樹『研究紀要』第一号（世界人権問題研究センター、一九九六年）

(3)一九八六年四月一日に加入し、五年間の任意加入期間を使い、六五歳まで目いっぱい加入して、二〇〇五年の年金額七九万四五〇〇円を基にして計算した。本稿に記載している煩雑な年金制度の詳細については、「在日コリアン人権協会・兵庫」の仲原良二さんに説明いただいた。それに加え、受給額の具体的な算出などについては、在日外国人「障害者」と京都の在日高齢者の無年金訴訟弁護団の大杉光子さんにご教示いただいた。

(4)徹底的に国民年金から排除され続けた外国籍者からみれば、特別措置で年金制度に加入できた小笠原や沖縄の人々、そして中国「残留」孤児、拉致被害者は国民年金制度における「四つの例外」といえるが、そこには「拉致被害者」を頂点としたヒエラルキーがある。

中国「残留」孤児に対しては、一定の措置がとられたものの、経済的な負担が過大で追納が出来ず、受給額は国庫負担分(三分の一)のみの月額二万円程度に止まっている人も少なくない。それもあって二〇〇〇年の厚生労働省の調査では、永住帰国した「残留」孤児の六割以上が生活保護を受けている。

二〇〇二年以降、永住帰国者たちが政府を相手に、公的支援の充実や慰謝料の支払いなどを求める国家賠償請求訴訟が各地の地方裁判所に起こされている。原告数は二〇〇五年四月現在、一八九九人に達している。ようやく戻った祖国で、訴訟に踏み切らざるを得なかった原告たちの多くが口にするのは、拉致被害者と自分たちとの処遇の格差である。国民年金の問題では、日本政府は「拉致被害者」については、すべてを国庫で補填している。日本の侵略政策を最前線で担い、敗戦後はその日本政府に置き去りにされ、日本人であるがゆえの苦難を被ってきた人たち。帰国後も十分な支援を受けられずに放置されている彼らが日本政府に「棄民政策」への謝罪と補償を求める動きは、国家、軍隊は国民を護らないという歴史の真実と、「国民の歴史」の裏面史を暴露するものだ。

Ⅱ章

「アイゴー」を「エルファ」に

鄭禧淳さん

七条大橋を西に渡り、交差する一本目の道が須原通り。南に折れると、日本最大規模の被差別部落の一つといわれる崇仁地区に入る。鴨川に沿った左側には巨大な公営住宅が並び、右手には古い二階建ての木造住宅とフェンスで囲まれた更地がマダラになった風景が続く。行政の住宅改良事業に伴う用地買収と、度重なる火災の影響である。皮革店とお好み焼き屋が点在する中を歩き、八条通りを越えると、京都市南区東九条に至る。京都府内最大の在日朝鮮人多住地域である。左手には両岸をコンクリートで固められた高瀬川が平行している。路面から一メートルほど下には、一〇センチほどの深さの水が流れている。川底はコンクリートの上に小石と、割れた食器や空き缶、得体の知れないゴミが層をなしていて、水草やビニール、古新聞が川下に向け、ゆらゆらと揺れている。

フェンスに囲まれた空き地と木造の住宅がパッチワークのように並んでいるのは、崇仁地区と同様である。南に歩くと、周囲とは不釣合いな真新しい公営住宅や小さなマンションが無愛想に建っていたりする。少し路地を西に曲がれば、しばらく開け閉めをされていないことを示すように、埃をかぶった引き戸がぴっちりと閉ざされた家や、玄関にトタンを打ちつけた家も多い。川幅と同じくらいの、車二台が譲り合ってやっと対面通行できるようなせまい道を歩く。どこかしらどんよりとした空気、町を色で言えば灰色だ。

歩みを進めると、どこか緊張している自分に気づく。泥酔している時をのぞけば、在日朝鮮人の多住地域に入る時にいつも湧き上がってくる感情だ。なにかしら、場所に見つめられ、突き放されているような気持ちである。おそらくは「帰化」制度で日本国籍を取り、その母親と共に集住地域を離れた女性を親にもつ、自分の出自の影響なのだろう。かつて二人が暮らしていた場所は大阪市なのだが、集住地域を訪問する時、私はなにか、「どのツラ下げて」、と言われているような気になる。自分自身の出自については物心ついたころから薄々分かっていた。十代後半、私がそれを明らかに自覚し、折り合いをつけようとして、ごわごわした物を口から出すような、喉につかえる物を無理やり押し出すような思いで言葉を発しても、聞き返されることもなく、言葉が置いてけぼりにされるような感覚を味わうこともしばしばあった。二十代になり、知り合う在日の人たちの前に立つと、受け入れられようとの思いが働くのだろう、ことさらに母方のルーツを強調してしまい、逆に明らかな違和感を表明されたり、ほかでもない「父」が日本人であり、そのうえ母が「帰化」者であることが、まるで私の人間としての至らなさのように対応されることも少なくなかった。

私の国籍は生まれた時から「日本」で、いわゆる「民族名」もない。今となっては自分の怠慢だが、朝鮮語を学ぶ機会もなく、私の一方のルーツを示すものはなかった。日本国民となった祖母と母は、外国人登録に代わって戸籍制度の管理下に入った。徴兵と税徴収のために制度として整備され、天皇制に通じる戸主を頂点とした身分登録を柱とし、家族単位で人の出生や婚姻歴を把握する戸籍は、私にとって批判の対象でしかないものだった。なのに二十代で初めて自分の戸籍を入手した時、そこに遺された、彼女たちのかつての「姓」を見つけて、私は妙な安心感を覚えたりしたこともあった。日本国民としての特権を享受している私が、日本人であることを自明とする人々や、「在日」たちとの出会いの中で感じた戸惑い。在日朝鮮人の多住地域に入ると、そんな記憶までもがないまぜになってくる。

東九条は、京都駅南東方面に広がる約一六六七平方キロメートルのエリアである。ここで日々、生活する一七〇九〇人（二〇〇〇年国勢調査。以下、特に断りがない限り同じ）の住民のうち、約二五〇〇人は外国籍者で、そのほとんどが朝鮮籍、韓国籍の在日朝鮮人である。特に外国籍住民の割合が高い東部では、町によっては半数以上、最高で約八割が在日だ。かつて湿地帯だったというこの地域には、日本が朝鮮半島を植民地とした一九一〇年以降、朝鮮人が住み始めたという。同年には朝鮮総督府が植民地朝鮮で土地調査事業を始めた。この事業は、宗主国が植民地での経済活動のために行った土地の登録事業で、朝鮮の農民たちに自らの所有地について届け出をさせた。当時の朝鮮では土地所有の観念があまり一般的でなかったり、識字率も低かった影響で、総督府への届け出をしない朝鮮人が多かった。その結果、朝鮮内の多くの土地は未登録地として宗主国に収奪され、その結果、多くの朝鮮人が耕作する土地を失ったという。

一九一八年の事業終了時、朝鮮の全耕作面積の半分以上が、わずか三％強の地主によって所有され、八割近くが小作農か、自作農兼小作農となっている。そのほとんどは余剰人口といわれ、地主は小作農に「代わりはいくらでもいる」と言える状態になっていた。力の強い地主が、絶対的優位の力関係で小作農を使い、小作農民が飢えようが関係なく、その収穫を収奪できる構造である。わかりやすくいえば農作物を、徹底的に商品として扱うことが可能なシステムができたということである。そして一九二〇年代、宗主国のさらなる経済政策が夥しい数の朝鮮農民を没落させ、日本への移住を加速させることになる。いわゆる「産米増殖計画」である。日清戦争以降、日本では米不足が深刻となっていた。一九一八年には富山県を皮切りに米騒動が起こるなど、米価が社会混乱の大きな要因になるに至った。だが「内地」での増産はさほど見込めなかったため、日本政府が打ち上げたのが「産米増殖計画」だった。「内地人」の胃袋を満たすため、植民地朝鮮で現地の安価な労働力を使って大量に米を作り、日本に輸入し、供給を安定させる収奪政策である。

計画は徹底していた。米は「内地」の好みの品種に転換させ、日本人の官憲が監視して、植え方まで垂直の「日本式」にさせたという記録もある。さらに灌漑設備の整備を行い、水利組合への分担金を農民に負担させた。朝鮮の農村社会に、急進的な形で「近代的」な貨幣経済がもたらされたのである。この「増産」の結果、多くの朝鮮人小作農が設備投資や分担金といった現金の必要に迫られて金融機関への借金を膨らませ、没落していった。この産米増殖計画の結果、一九二〇年代に入って朝鮮から日本への米の輸出は増大した。問題はその米が朝鮮人に行き渡らない「飢餓輸出」の構図だった。[1]

農業経済を研究している飯沼二郎さんの論文によれば、この時期、日本人一人当たりの米消費量は増加する一方で、逆に朝鮮人一人あたりの米の消費量は減少を続けている。[2]朝鮮での小作農の労働条件は厳しさを増し、農業を続けられない人びとが増大したが、農業以外の産業が発展していなかった当時の朝鮮に、それを吸収する場はなかった。やがて、朝鮮からの輸入米が日本の稲作農家を圧迫することになり、内地からの反対運動で計画は中断する。これがさらに、朝鮮小作農民の窮状を深めたという。この一連の収奪過程が、生きる道を求める朝鮮人を「内地」へと向かわせる大きな原因となったのである。

宗主国によってこのような政策が取られたことが影響し、一九二〇年代、東九条の朝鮮人人口もまた増大した。

大学生の時代から四半世紀近くにわたり、東九条地域での住宅環境改善事業などに取り組んできた地元NPO法人「まめもやし」の事務局長、宇野豊さんは、東九条に在日朝鮮人が集まった理由を大きく三点に分けて推察する。

一つは、当時、在日朝鮮人が就けた主な仕事は日雇い労働であり、交通の要所である京都駅の南側に面した東九条は、日雇い労働者を吸収できる環境であったこと。二点目は、戦後、京都駅周辺に点在していたバラック群集地に対して行政サイドが行った「立ち退き事業」の結果、代替で建てられた公営住宅にも入れなかった在日が行き場を失い、流れ込んだこと。そして三点目には、一九三〇年代に始まった東九条一帯の区画整備事業が、日雇い労働に従事する朝鮮人の吸収と定着を後押ししたことである。

一八七六年、京都では、国鉄（現在のＪＲ）東海道線の京都、神戸間が開通し、京都駅が営業を始める。この年は、日本が武力を背景にした恫喝で李氏朝鮮を開国させ、日朝修好条規（江華条約）を締結した、まさに同じ年である。日本が朝鮮に押し付けた江華条約は、二国間の条約といいながら、朝鮮で日本人が犯した犯罪行為について、朝鮮の司法に裁く権限を認めなかった。近代における日本と朝鮮の「外交」関係は、こんな不平等条約で始まったのである。

これはかつて自らが受けた恫喝外交（いわゆる砲艦外交）を隣国相手に実践したものだった。一八五三年、米国東インド艦隊の司令長官ペリーが率いる軍艦四隻が浦賀沖へ来航、現在の久里浜に上陸した。アメリカ大統領フィルモアの親書を渡し、開国を迫ったペリーは、翌年、軍艦七隻を率いて再度、来航、江戸幕府に日米和親条約を締結させた。日本の鎖国政策は終焉する。砲艦で脅しての「開国」は、主権国家同士の対等な交渉ではありえなかった。その後、明治政府にとって外交上の焦眉の課題は、米国など、西洋から押し付けられた「治外法権」の撤廃にあった。ペリーの恫喝から約四半世紀後、日本は「欧米流」の恫喝外交をトレースし、「治外法権」を、隣国・朝鮮に押し付け、それによって、西洋化を目指したのである。

京都に話を戻すと、駅の建設作業に従事した労働者を受け入れるため、京都駅近辺には、宿屋や労働下宿がたくさん出来ていたという。交通の便もよく、遠方の工事のために労働力を調達するにも好都合で、土木工事に従事する日雇いの労働者が集まりやすい条件が整った。これが後に在日朝鮮人の労働者が集まる素地になる。また、この地域には京都の地場産業の一つである友禅染めの下請けを担う中小零細工場もひしめいており、賃金は日本人の半分から六割とも言われる在日を吸収することが可能だった。

土地調査事業から産米増殖計画を経て、「内地」に渡らざるを得なかった朝鮮人の労働者たちは最初、東九条の北側に隣接している崇仁地区に入ったと宇野さんはみる。経済構造上、安く買い叩けて、かつ雇用者の都合でいつでも切り捨てられる日雇いの労働力をプールしておく場であった被差別部落は、植民地出身者として、経済の最底辺を支えていた在日朝鮮人が「暮らしやすい」場所でもあったのだ。そしてその後、崇仁地区が南側に広がるような形で、在日朝鮮人たちが東九条にも流れ込むようになった。

やがて崇仁地区から東九条にかけて、労働者が集まる町が形成されていった。朝鮮人の日本への移住は当初、男性の単身出稼ぎという形で進んでいき、その後、家族の呼び寄せへと移行する。増える朝鮮人の日雇い労働者に比例して、地域には在日が経営する労働下宿が増加した。在日の労働下宿で大型のものでは一九二四年、朝鮮人共済会だった京都共助会が、当時は下京区だった東九条岩本町に建設している。京都共助会は、元々は朝鮮人が設立したもので、北野天満宮付近に事務所を構える相互扶助団体だった。だが、財政難で日本人に引き継がれ、一九二四年当時は西本願寺や京都市長が運営に関わっていた。一〇年後の一九三四年四月には、この施設が火事になり、二二世帯、一三三人が焼け出され、家を失ったことが京都府社会事業協会が発行していた『社会時報』で報じられている。(3)

そして戦後、今の京都駅の東側付近から南側にかけての空き地には、木造のバラックが立ち並び、巨大な闇市群が形成されたという。東側の場所は元来、疎開跡だった。そんなさなかに、いわゆる「オール・ロマンス事件」が起きる。一九五一年、雑誌『オール・ロマンス』に掲載された小説「特殊部落」の表現内容が、「被差別部落の状況をことさら露悪的に描いており、差別的である」として、部落解放委員会（後の部落解放同盟）が行政を糾弾したのである。

執筆者は、京都市の職員だった。「行政が部落の劣悪な住環境を放置していることが問題」と、激しい批判を受けた京都市は、手つかずだった住環境整備事業に着手することになる。最初に取り組んだのが、京都駅東側に位置していた崇仁地区だった。土地を整備し、住環境を整える前提はバラックの撤去である。この前年には、京都国際文化観光都市建設法が制定されている。本音の部分では、古都の表玄関に、劣悪住宅の群れが並ぶのは恥だったのである。

その後、一九六〇年代にかけて、環境整備や新幹線建設を名目に、駅周辺や、東海道線や鴨川沿いのバラック撤去が加速されていく。一九五九年に着手された立ち退きの名称は「バラック地区清掃事業」であった。生きている人間を住居から立ち退かせ、暮らしていた場を撤去していく事業を「清掃」と呼ぶ感覚。ここで生きてきた人たちに対して、行政がいかなる認識を持っていたのかを示して余りある。京都市は代替として公営住宅を建設した。しかし、スタート時点から基本的に、被差別部落の住環境改善を名目に建設した住宅であったため、そこに入れなかった在日朝鮮人たちは、東九条地域の方向に移動していく。それが現在、外国籍住民の割合が三割から五割に達している地域である。さらにそこにもとどまれなかった人たちが鴨川と高瀬川の堤防にバラックを建てて住むようになった。住民たちの運動で、行政は一九九〇年代に入ってようやく劣悪な住環境改善に着手し、隣接地に公営住宅を建設。住民らは二〇〇五年四月までに移転し、バラックは撤去された。住民の八割近くが在日朝鮮人で、高齢化率も六割を超えるエリアとなっている。朝鮮学校に通う女性と日本人男性との恋愛を描いた井筒和幸監督の映画「パッチギ」（二〇〇四年）の舞台の一つは、一九六〇年代のこの一帯である。

京都最大の在日朝鮮人多住地域。こう書くと、大阪市生野区御幸森のコリアタウンのような街を思い浮かべる読者もいるかもしれない。実際、研修などで東九条地域を視察にくる他府県の教育関係者などの中には、行楽地ガイドに出てくるような、「焼肉とキムチの匂いがする賑わいのある街」をイメージしている人も少なからずいたと、宇野さんは語る。

だが実際は、高齢化と、若年層の地域外流出が進む「過疎化地域」である。人口はピークだった一九六五年の約半分にまで減少している。一方で、高齢化率はこの一五年間で九％の増加、京都市平均を五％以上も上回る二二・七％に達する。地域の小学校ではクラスの人数が減り続け、保育園は恒常的に定員割れとなっている。歴史的経緯から東九条では、日本人よりも外国籍の住民の方がこの地域で古くから暮らしている傾向があるが、その外国籍住民の減少がほかの行政区に比べて著しい。「一つは『帰化』する人が増えていること。それから若年世代が地域を抜け出して、他で新生活を始める例が多いのだと思う」、宇野さんは話す。高齢化率の高さが一つの根拠である。(4)

この東九条の町に、在日朝鮮人一世の高齢者を対象に、デイケアや訪問介護などの福祉サービスを提供しているNPO法人在日生活支援センター「エルファ」がある。南区東九条北河原町、色あせた団地や公営住宅が点在する住宅地にそのデイサービスセンターはある。ドアを開けると、色鮮やかな貼り絵が出迎える。赤、桃、緑、黄……。朝鮮伝統の虹模様「セットン」を思わせる色彩、利用者たちが職員と一緒に描いたものだ。正面にある絵は、施設と送迎バスを中心にして、人々が輪になって手をつないでいる。朝鮮の民族服を着た男女、猫もいれば、トルハルバン（済洲島に見られる石像）もつながっている。みんなが仲良く暮らしたい、利用者のそんな願いを反映しているという。左側には、満開のサクラの下、エルファで幸せそうに寄り添うハルモニ（おばあさん）とハラボジ（おじいさん）の切り絵。その横には、色紙で作ったたたくさんの小さなチマ・チョゴリが宙を舞うように飾り付けられ、センター内を暖かい雰囲気で満たしている。

鮮やかな暖かい絵の数々と見ていると、エルファの利用者たちにこのような時間や空間がこれまで、はたしてどれほどあったのだろうかと想像し、はっとさせられる。植民地主義によって人生を捻じ曲げられ、故郷と言葉から引き剥がされたうえ、差別と貧困の中での他郷暮らしを余儀なくされた在日一世たちが、小さな色紙のかけらを一片、一片、丁寧に貼り付けながら作った美しい貼り絵の数々……。奪われた、あるいは得たくても得られなかったものを慈しむ気持ちが、この空間の暖かさを生んでいるのか。

嬉しい時や楽しい時に発する朝鮮語の感嘆詞「エルファ」を冠したこの施設を二〇〇四年一一月一〇日、来日中だった国連人権高等弁務官のルイーズ・アルブールさんが視察に訪れた。やや遅れた到着をハルモニたちはそわそわしながら待っていた。

「一晩中でも話をしたい。これまでのことは話しつくせない」。ハルモニたちはエルファの職員に語っていたという。

アルブールさんが到着するころには、約一〇〇平方メートルのデイサービスセンター内は、在日一世のハルモニらでいっぱいになっていた。日本生まれの二世は一人だけ。後は全員が植民地時代の朝鮮に生まれ、生きる道を求めて「内地」に渡ってきた人たちだった。そんな彼女たちが車座になり、一人ずつ立ち上がって、自己紹介をする。

「一五歳で渡って来た。いろんなことがありましたけど、過去は引きずりたくない。とにかく今は胸がいっぱい。ここは安らげる場所です。昔は食べるにやっとでしたけど、今はここで朝鮮料理のお代わりも出来ます」。

「いろんなことあったけど……、言いたいこといっぱいあって、みんな言うのは時間がかかりすぎます。昔されたことは我慢できないこともあるけど、言い出したら時間がない」。

「徴用で日本に来た。旦那と日本に来て、いろいろ仕事、大変な仕事して子どもを育てた。言いたいけど時間がない。でもここに来たら寿命が延びるような気がするんです」。

「徴用に来て、ほんとにいろんな苦労しましたわ。言い出したら切りがない」。

ひとたびあふれ出れば抑えきれなくなりそうなそうな自身の思いと、わずか一五分しかないアルブールさんとの面談時間との間で戸惑うハルモニたち。お腹の前で組み合わせた両手の指を何度も

ハルモニたちは、全身でアルブールさんを歓迎した。誰が来ても来客への歓待は変わらないという。

組み替えたり、もどかしげな表情で自分のズボンを擦りながら、結局、「いろんなことがありましたわ。でも今は居場所があって幸せです。子孫の代では日本の人と仲良く生活して欲しい」などと短く話を結んだりしてしまう。

なぜアルブールさんをここまで歓待するのだろうか。弁務官が訪問したからといって、即座に何かが変わるわけではない。ハルモニたちとて、それはよく分かっているはずだ。職員に聞けば、かまえの差こそあれ、誰が来た時も一世たちの歓待は変わらないという。

「一つは民族性があると思います」と、理事長で在日朝鮮人二世の鄭禧淳《チョンヒスン》さんは話す。「人が来ると、必ず何かを食べさせて歓待するのが当たり前の行為だと思ってるんですね。訪問介護を受け始めたばかりの人の中には、ヘルパーが来る前に、家を掃除して、食事の用意をしている人がいたなんていう、笑えない話もありました」と振り返る。

ハルモニたちにとって、ここ「エルファ」にいることは、自分たちだけの特権ではないのだろう。だから、来訪者を受け入れたり、拒んだりする理由や根拠はなく、来たい人がただ訪れる権利を持っているということなのだ。だが、それだけではない。「自分たちを人間としてみているのが嬉しい」。何人かは鄭さんにこう語るという。

在日朝鮮人とは、日本の近現代史が、戦争と差別、植民地主義が生み出した歴史の生き証人である。なのに、その過去は清算されるどころかむしろ、彼、彼女らは戦後も一貫して、その存在を塗り潰され、なかったことにされる圧力にさらされてきた。たとえば政策として公然と掲げられた創氏改名がなくなっても、この日本社会で本名を名乗って生きられる人がどれほどいるのだろうか。あるいは無数の戦後補償裁判で一世たちが訴えても、それに司法はどれほど応えたのか。行政交渉で制度的無年金問題の解決を訴えても、行政や立法が具体的に彼、彼女らに応えるために動いたことはあるのか。

常に置き去りにされ、「見えない存在」とされ続けてきた悔しさの中を生き抜いてきたからこそ、自分たち在日一世の声に直接、耳を傾けるために視察に訪れる客人を歓待したのかもしれない。訪問は、「あなたたちが存在することを私は知っている」というメッセージだ。一方で、アルブールさんを囲む利用者らの輪の後ろに座していた男性の利用者が「今ごろ何しにきたんや」と、短い、投げやりな口調で野次を飛ばし、職員がなだめる一幕もあった。彼、彼女らの口から漏れる言葉のすべてが歴史の重みを表していた。

全員で輪になり、チャンゴ（堤）を叩いて民謡を歌った後、施設の二階で運営者との懇談会が持たれた。理事長の鄭《チョン》さんが法人を代表し、ほぼ同世代にあたるアルブールさんに話をした。「世界人権宣言や国際人権規約を『エルファ』の中で実現したいと思い、職員と頑張っています」。あいさつの後、鄭さんは、二〇〇二年九月一七日、日朝首脳会談以降、ハルモニたちが鄭さんにぶつけた胸のうちについて語った。朝鮮と日本の和解への一歩を期待し、施設のテレビの前で固唾をのんで事の推移を見守っていたハルモニたちが目にしたのは、疑惑であった拉致問題が事実であると、金正日総書記が認めたとの報だった。そして以降、濁流の様に報じら続ける「日本人の悲劇」は、この国の多くの人々にとっては他者の痛みに思いを馳せるチャンスとはならず、逆に日本政府がその責任において犯した歴史的な犯罪を押し流していく。

「みんな拉致のことは怒っている。真相究明も必要です。でもハルモニたちがこれまで胸にしまって来た思いがこの報道の中で忘れられている。捨て置かれているとの思いがある。苛立つハルモニが『アンタも拉致の子やねんで。私ら字も知らん人間のことはどうでもえぇんか。同じ人間と違うんか』と私に感情をぶつけてきた時はほんとに辛かった。京都でもどれだけの無縁仏があることか……。面談でも自分たちの歴史、強いられてきた苦難をみんなに聞いて欲しいのを抑えているんです」。

そして続けた。「戦前、戦中だけでなく、戦後六〇年にもなるのに、年金も保障されない『障害者』や高齢者がいるのです」。現在（二〇〇五年四月）、「エルファ」は京都市内で三カ所、宇治市の一カ所で高齢者対象の事業所を運営する。うち高齢者デイサービスを利用する計約六〇人の約三割は無年金だ。最低限の所得保障からも排除された結果として、総利用者の半数以上が生活保護を受けている。「民族学校の問題は国連の委員会でも知られている。日弁連も報告をしているし、体系的な資料が提出されている。が無年金の問題は違う。戦後六〇年経っても、生存権すら保障されない高齢者や『障害者』がいるのです」。

拉致事件の被害者には即座に特別立法がなされ、全額国庫負担で、無年金防止の措置が執られているのは皮肉な現実だった。行政も立法も「拉致被害者は自らの意志によらず、加入できなかった」ことを「救済措置」をとる理由としている。では国籍条項で排除された在日はどうなのか。ここで続く文言は、拉致被害者は「日本人であるから」である。制度も感情も、この国は日本人による日本人のための国でしかなく、共に生きることをあくまで拒否し続ける。

私が最初に鄭禧淳さんに会ったのは五年以上前、ちょうど、介護保険制度スタートの年だった。今でこそ在日朝鮮人の多住地域にいけば、在日専門の高齢者福祉施設がそれなりの数、目につくが、二〇〇〇年四月当時、在日一世対象の介護事業所はまだ、きわめて珍しいものだった。そんな稀有な試みとして「エルファ」の存在を知り、訪問したのだった。それ以降、幾度となく鄭さんの話をうかがっている。

「エルファ」の理事長、鄭禧淳さん。在日無年金訴訟は、「高齢者への生活支援活動の一環」と言い切る。

エルファに賭ける鄭さんの思いは一貫している。「自然体の自分を生かせる空間で、苦労した先人に最後の時を過ごして欲しい」、この一点だ。デイサービスでの食事には、朝鮮料理が必ず一品は入る。キムチはほぼ毎食用意されている。施設内で歌う唄も「アリラン」など朝鮮の民謡が多い。チャンゴなど朝鮮の楽器も用意し、リクリエーションに至るまで朝鮮の文化を意識している。朝鮮語でふと漏らしたつぶやきも、ヘルパーに聴き取られる。ハルモニ、ハラボジがありのままでいられて、故郷の雰囲気を楽しめるよう、細心の注意が払われている。安らぎとは逆の人生を強いられた高齢者の姿を嫌というほど目の当たりにしてきた経験ゆえの、鄭さんのこだわりである。

在日の歴史が一〇〇年を越える現在、還暦を迎える在日二世は珍しくない。鄭さんは一九四三年三月、岐阜県御岳町に、八人きょうだいの七番目として生まれた。だが、外国人登録上の記録では、鄭さんの生年月日はその半年後、九月二五日になっている。

「疎開先で生まれたからです。いつ死ぬか分からないからと、出生届は疎開先から戻った後に出したんです。公称年齢が実年齢より若いのは嬉しいんですけど、年金を貰うのは遅れますね」と笑った。

両親は愛知県瀬戸市で自宅兼店舗の小さな八百屋、今でいう町のスーパーを営んでいた。解放後、父は民族教育運動に情熱を傾けた。

「仕入れがすむとすぐに学校に行ってましたね、家も教員宿舎みたいなもの。常に家には学校の先生が泊まっていて、家族で一緒に食事をすることもあまりなかったな」。

父が運営に奔走していたのは、いわゆる「国語講習所」である。解放後、植民地支配で奪われた言葉や文化を取り戻そうと、在日朝鮮人たちが設立した、いわゆる民族教育の場である。同様の場は他府県でも急増した。最初は、帰国を前提にした学びの場だったのだが、解放直後の帰国熱が一段落した一九四六年あたりから、学校として整備されていく。一九四七年一〇月段階で全国に計五五〇校、生徒数は約五万人に達していた。

だが日本政府は一九四八年一月、文部省通達「朝鮮人設立学校の取り扱いについて」を出す。その内容は二つに大別できた。一つは、朝鮮人の子どもは、学齢に達すれば、公立または私立の小、中に通わねばならない。そして、朝鮮人学校が存続しようとするならば、学校教育法上の私立学校として都道府県知事の認可を受けよ、の二点である。生き残りたいならば、学校教育法上の学校として、日本のカリキュラムを受け入れ、日本の行政の指示に従えということだ。事実上、朝鮮学校は閉鎖せよということだった。

朝鮮人が朝鮮語や歴史を学ぶことを認めない。日本政府は、朝鮮人の子どもたちが朝鮮学校に学ぶことを禁止したのである。一九四七年五月二日、現行憲法公布の前日、天皇最後の勅令である「外国人登録令」で、旧植民地出身者を「外国人」とみなして徹底管理の対象とする一方で、「在日朝鮮人はいまだ日本国籍を有する」と規定していたことが、その「根拠」とされた。

弾圧は山口県から始まった。山口県を含む中国地方のいくつかの県では、朝鮮人と行政サイドとの交渉で、朝鮮学校の存続が決まったが、阪神地区を中心に強硬に朝鮮学校閉鎖を迫ってくる自治体もあった。それに対して、朝鮮人たちによる抗議運動が起きた。同年四月二三日にはそんな自治体の一つである兵庫県庁を朝鮮人ら約五〇〇〇人が取り囲み、知事との直談判で閉鎖方針を撤回させたのである。しかし翌日、ＧＨＱが非常事態宣言を発令、在日朝鮮人と兵庫県知事との約束を一方的に反故にした。四月二六日には大阪府庁前の抗議集会に参加した人たちに警官が発砲、一六歳の少年一人が射殺されるにまで至った。阪神エリアでの弾圧と抗議運動の激しさから、この事件は「阪神教育事件（闘争）」として知られている。

占領軍が発令する非常事態宣言とは、日本の法律による制約を受けず、占領軍が事態の収拾に乗り出すことを意味する。この反対行動への弾圧で、二三日から二六日までの間に、おびただしい人たちが占領軍当局によって検挙され、軍事裁判で有罪判決を受けた[5]。占領下の日本国内で非常事態宣言が出たのは、歴史上、この時だけである。一九四九年に政府は再度、朝鮮学校に対して武力を用いての弾圧を加え、運営主体だった民族団体「在日本朝鮮人聯盟」を団体等規制令（後の破壊活動防止法）の指定団体にして解散させ、幹部の公職追放、財産の没収を行い、学校の多くを閉鎖した。

執拗な弾圧の背景には、第二次世界大戦後、緊張の度を増してきた東西対立を受けた米国の世界戦略と、そこに乗って、朝鮮人を徹底弾圧しようとする日本政府の思惑があった。一九四八年八月一三日、米国で高等教育を受けた李承晩《イスンマン》氏らが米国の絶対的な後押しを受けて大韓民国を建国する。その約一カ月後の九月九日、金日成《キムイルソン》氏を首席として、朝鮮民主主義人民共和国（北朝鮮）も建国される。朝鮮に冷戦構造が持ち込まれ、分断が固定化、唯一の正当性を主張する二つの国が対立する構図が出来上がった。翌年一一月には韓国で国家保安法が成立する。

鄭禧淳さんの上の姉二人は解放後、故郷に帰り、長女は朝鮮戦争時、釜山で死去したという。

生きることに精一杯で、娘二人に教育を受けさせられなかったとの思いもあり、両親は鄭さんの教育にこだわり、鄭さんは幼少から、父が校長をしていた民族学校で学んだ。

愛知県瀬戸市の朝鮮初級学校一年の時、一九四八年の弾圧が起こった。記憶は鮮明だという。

「前が三角のトラックみたいな大きな車が来ましたね。ボディーが開くやつです。それで警察官がいっぱい降りてきて、革靴で入ってきたことを覚えてます。そしたら先生が学校の看板を外して、その上に私たち低学年の子を座らせて隠しました」。

教員と、抵抗した高学年の子どもたちは連れて行かれたという。連れて行かれなかった高学年の生徒を教師に授業を続けていたが、数日して全員、釈放されてきた。

「しばらくは高学年の人たちの武勇伝で持ちきりでした。『留置場の中でおしっこして警察官の手を焼かせてやった』とかね」。鄭さんは笑った。

「今考えると、児童に混じって、大人も机を並べていた」という。解放前、学校に行けなかった人たちが、十代後半になって、初等教育を受けていたのだと鄭さんは語る。

弾圧の影響は出た。当時は木造バラックの三教室。閉鎖前には、一教室三〇人以上いた児童・生徒は、弾圧後には、一〇人程度にまで減少したという。一九五六年、学校はバラックから木造二階建てになった。

「父が家を担保にお金を工面したんです。そういう空気を吸っていることも、今の自分を形作っていると思います」。

一九六二年、鄭さんは東京小平市にある朝鮮大学校経済学部に入学した。政治の時代だった。その二年前の一九六〇年四月、韓国では大統領選挙の不正を契機に、学生運動が全土におよび（いわゆる「学生革命」）、李承晩氏が大統領の座を追われ、彼の後見人であった米国の領土ハワイに亡命する（後に客死）。徹底した反共政策をとっていた李政権が崩壊し、八月には北朝鮮の金日成主席が「南北連邦制」を提唱した。分断統治から一五年、同胞相食んだ朝鮮戦争から一〇年、南北歩み寄りの余地が生まれたかにみえた。しかし、芽生えた統一への期待を押し潰すように、一九六一年五月、軍事クーデターにより、朴正熙《パクチョンヒ》氏が政権を樹立する。翌月には韓国中央情報部（KCIA）が設立され、さらにその翌月には、後に国家保安法に吸収される「反共法」が韓国国会で成立した。社会主義を徹底的に敵視し、国内からの「排除」を目指す法律だった。

朝鮮における唯一の正当性を主張している二つの政府が、歩み寄りと緊張の高まりを繰り返す。祖国統一の夢が膨らんでは萎む時代だった。大学に入った鄭さんは、朴正　大統領の来日阻止や、日韓条約締結反対の運動にも当然のように加わったという。

『朴正熙が来る』なんていわれたら、羽田空港に押しかけるのは当然のことでしたね。ジグザグデモもあの時に初めて経験しました。日韓条約反対運動はかなり激しかったですよ。『売国条約に反対』って。」

激しい内容と裏腹に、話す鄭さんの声は、柔らかく、包み込むようだ。

「一九六三年だったかな。電柱にビラを張ってたら、仲間と一緒に小平署に逮捕されたこともある。一日で釈放されましたけどね」と言って笑う。

一九六五年、鄭さんは大学を卒業した。その年、日韓条約が締結される。東アジアにおける反共拠点作りを画策していた米国の斡旋で、一九五一年から始まった日韓会談。一五年に及んだ交渉の末、韓国政府の朴正煕政権は、日本から有償、無償計五億ドルの経済援助、そして一億ドルの民間借款を獲得することと引き換えに、個人請求権など、八項目の対日賠償請求を放棄したのだった(6)。

強制連行や強制労働などをめぐり、在日を含む韓国人の元徴用工らが起こした数々の戦後補償裁判で、その責任を指摘された日本政府が、自らの責任を否定する際の常套句である「対日請求権は、日韓条約で既に解決済み」とは、この経緯を指している(7)。そしてそれは、裁判所が被害者の訴えを退ける際の「根拠」の一つともなっている(8)。

日韓条約の締結で、日本政府は、朝鮮にある二つの政府のうち、南側の韓国のみを「主権国家」と認めた。そして会談では、在日「韓国」人の法的地位についても協定が結ばれた。一つは在留資格である。在日している大韓民国の「国民」は、その後五年間を期限にして、日本政府に申請すれば永住が許可され、その「直系」の子は、自動的に永住資格を得るとした。いわゆる「協定永住」である。この資格を得た者は、入管特別法の適用を受け、強制退去の事由が大幅に狭められた。外国人登録上の記載の違いで、旧植民地出身者の間に処遇格差が持ち込まれたのである。協定永住は一九八二年、「特例永住」という名称で朝鮮籍者にも援用された。三世以降については、二五年後に処遇を話し合うこととされ、その一九九一年、三世以降も永住権が認められ、協定と特例は、「特別永住」として一本化された。

協定永住について、日本政府側の認識を示すエピソードがある。検察官で、入国管理局参事官として日韓条約締結時の入管法改定で中心的役割を果たしたとされる池上努氏は、その著書『法的地位二〇〇の質問』（京文社、一九六五年）で、「はじめから言っているように、外国人は自国以外の他国に住む『権利』はないのである。だからどんな理由をつけても追い出すことはできる」と言い放ち、そのうえで、日韓協定に基づく永住権を取れなかった者や取らなかった者の処遇は一体どうなるのか」との設問に「国際法上の原則から言うと『煮て食おうと焼いて食おうと自由』なのである」と記した。

これを受けて第六一回国会の法務委員会（一九六九年七月二日）では、閣僚や法務官僚が野党議員から追及を受けた。今も本質的には変わらない当局の認識だが、ここまで明け透けに語られた例も少ない。経済援助の形で過去を「清算」し、植民地支配という、日本政府がその責任において行った近現代の犯罪の結果である在日朝鮮人の存在を、国交を結んだ大韓民国の「在外公民」と、それを選ばない人とに分けてしまおうとする、協定永住それ自体の「踏み絵」的性質を示して余りあるといえよう。さらに地位協定では、「日本国における教育、生活保護及び国民健康保険」の適用などについて、日本政府は「妥当な考慮を払うもの」とされた。

ちなみに二〇〇三年一一月、大阪地裁に提起された在日外国人無年金問題に関する訴訟で、問題を放置し続けてきたことを「正当化」するために日本政府が繰り返す「反論」の一つは、「日韓会談での在日韓国人の法的地位に関する協定で要望されていない。つまり二国間で解決済み」との主張である。国民年金法で外国籍者を排除し、無年金のまま放置していることを、国民年金法の成立から六年後に結ばれた法的地位協定によって理由づけるという論理自体が荒唐無稽だが、当事者である在日の意向がどれほど反映されたのか疑問を残す二国間交渉の結果が、今も日本政府側の隠れ蓑になっていることは事実なのである。

そして、条約を結んだ年の一二月二八日、日本政府は文部次官通達「朝鮮人のみを収容する教育施設の取り扱いについて」を出した。ここで重要な内容は主に以下の二つである。

「なお朝鮮人のみを収容する公立の小学校または中学校およびこれらの学校の分校または特別の学級は、今後設置すべきではないこと」。

「朝鮮人として民族性または国民性を涵養することを目的とする朝鮮人学校は、わが国の社会にとって、各種学校の地位を与える積極的意義を有するものとは認められないので、これを各種学校として認可すべきでない(9)」。

つまり、社会の安定と治安のためには、在日朝鮮人には「大いに帰化してもらう」（内閣調査室『月報』一九六五年七月号）必要があり、そのためには朝鮮学校のような、朝鮮人としての民族性を継承していく場があっては困るという発想である。この流れを受け、三年後の一九六八年三月には、外国人学校法案が提出される。内容は文部大臣（当時）に設立認可や立入り検査、さらには閉鎖命令の権限を認めるもので、エスニック・マイノリティの教育権の保障とは正反対に、外国人学校に対する日本政府の権限のみを法文化して強化するものだった。当然ながら強い反対、反発を呼び、最終的に廃案となったが、この法案は一九七〇年代まで、何度も繰り返し、執拗に提案されている。

植民地支配に起因する朝鮮の南北分断。そして一方の国が日本と結んだ条約で、生きて暮らす日本での法的地位までが左右され、同化か排除かの岐路に常に立たされる。多感な一〇代、二〇代のときに、在日として生きることを思い知らされた鄭さんは、「政治的にならざるを得なかった」と語る。

朝鮮に成立した二つの政府の一つ、大韓民国が経済援助と交換に、日本の歴史的責任をうやむやにしたその年、鄭さんは大学を卒業すると、朝鮮総連傘下の女性組織の活動家として、神戸や京都府舞鶴市、京都市内を中心に識字活動や生活相談をしてきた。

「前をみてひたすら走っていた」と振り返る。識字活動を通じて知り合った在日女性活動家の先輩たちが三人の子どもたちの世話をしてくれたりもした。「私たちの世代にしては珍しく、高等教育まで受けさせてもらったけど、活動に必死で両親の死に目には会えなかった」。父は最期まで故郷を想い、統一された祖国に帰ることを夢見ていた。晩年には、親族の家系図、いわゆる族譜を鄭さんらきょうだい全員に配り、故郷にある父母の墓の写真を欲しがった。愛知県瀬戸市にある両親の墓には、父の遺言で「望郷」の文字が彫ってあるという。

活動をすればするほど痛感したのは、最低限の所得保障もなく、差別と偏見、言語や文化の違いから地域でも孤立するハルモニ、ハラボジ、親の世代にあたる在日高齢者の姿だった。近隣府県では出ている自治体もあった、在日朝鮮人の無年金高齢者と「障害者」への一時給付金を京都市でも実現させようと、行政交渉を繰り返した。「歴史的背景が影響して識字率がおおむね低く、日本語ばかりの情報へアクセスするのは難しい。何とか公的福祉サービスにつながって、高齢者福祉施設に行っても、日本人の利用者から戦争時代の自慢話を聞かされて傷ついてしまう人もいた」。運動の結果、京都市は一九九四年に「障害者」、一九九九年に高齢者の一時金を導入した。しかし給付対象者に届いたのは、日本語で書かれた難しい資料ばかりだった。事実、初年度の高齢者一時金は、予算の半額も支出されていない。紙に書かれた支給対象の条件を読めなかったり、申請書類を書けなかったりしたのだ。時は介護保険制度の施行直前だった。

「制度が変われば、さらに置き去りにされる」と直感し、行動を起した。一九九九年一月、居宅サービス事業所を設立すると、わずか一年間で九八人を家庭訪問した。残された時間の少なさが、鄭さんを駆り立てたという。「親への思いもあって、できることをやらなければいけないと思った」。

ある独居のハルモニを訪問した時のことだ。息子を早く亡くした経験を持ち、それもあってか、よく、鄭さんの子どもの世話をしてくれた人だった。家にあがると、役所から介護保険の資料が届いていた。車椅子とベッドのお年寄り二人を子どもや若者たちが笑顔で取り囲む冊子の表紙を見せながら、ハルモニは鄭さんに聞いた。「この人の誕生祝いなんか?」。胸を衝かれた。

痴呆が進み日本語を忘れ、二世、三世の家族とも言葉が通じず暴力的になる人や、施設で言葉が通じないことに苛立ち、職員の手や足を叩いたり、物を投げたりしてしまう人、逆に内にこもり、言葉を発しなくなる人についての相談が、いくつもの介護事業所から相次いだ。日本人を前提としたサービスでは対応できない現実を痛感した。

介護保険制度がスタートした二〇〇〇年四月、訪問介護事業に踏み切った。手探りの出発だった。法令集も持ってなかった。最初はインターネット上で検索した関係法規をプリントアウトし、職員で回し読みをすることから始めた。やがて二級ヘルパーの養成講座を開き、朝鮮語の出来るヘルパーを育成し、派遣した。

こんな相談も持ち込まれた。重度の糖尿病を患っている在日一世のハラボジの体調を案じ、彼が通う病院のケースワーカーが配食サービスを手配した。ワーカーの説明を聞いている時には納得するのだが、実際に業者が配達に来ると、「ほかほか弁当でも判なんかついたことない」と、頑なに受け取り印を押すことを拒むというのだった。鄭さんらが訪問し、朝鮮語を交えて話をすると、ハラボジは理由を打ち明けた。植民地時代の土地調査事業の際、日本の文字が読めない祖父が役人の言いなりに判を押して土地を全て奪われた経験を聞かされていた。戦後も日本語で書かれた契約書に勧められるままに判を押し、不動産契約で騙されたことがあったといい、押印に対して恐怖感を持っていたのだ。

「納得すると判子を持ち出してきて私に差し出し、『押してくれ』と言ったんです。それでも自分で押すのは嫌で、代わりに押す人はやっぱり同胞じゃないと不安だったんでしょう」。

そのハラボジも二〇〇一年に死去した。「無年金による経済苦から自己負担を嫌って、はなから要介護認定を拒んでいる人は今でも多いんです」。

国会で無年金の問題が取り上げられてから、すでに四半世紀になる。問題解決への「検討」を明記した付帯決議がなされてからでも既に二〇年を超えている。だが、立法府は依然、沈黙し続け、当事者たちは確実に死去していく。エルファのスタートから五年。鄭さんがこれまでかかわった二七四人のハルモニ、ハラボジのうち、既に二六人は鬼籍に入った（二〇〇五年四月現在）。うち四人は孤独死、三人はエルファのヘルパーが亡骸を発見したのだった。

京都地裁の在日高齢者、大阪高裁で係争中の在日外国人「障害者」の無年金訴訟もＮＰＯをあげて全面的に支援する。事務局もエルファ内に置く。「この裁判も私たちが取り組んでいる在日高齢者への生活支援の一環と思う。エルファの定款と矛盾しない」と、鄭さんは言い切る。

京都訴訟事務局を務める在日三世鄭　明愛《チョンミョンエ》さん（一九七〇年生）もエルファの職員である。大学の卒業論文で在日朝鮮人の無年金問題を取り上げたのを契機に、手話を覚え、現在、大阪高裁で係争中の在日外国人「障害者」無年金訴訟の事務局と手話通訳者を務め、引き続き京都地裁に起こされた在日無年金高齢者訴訟の事務局も兼務する。

運動を担う一人、また、手話通訳者として、各地に赴き、日本の無年金者と交流する機会も少なからずあるが、日本人の無年金「障害者」たちから「おんなじや」と声をかけられて、複雑な思いを抱くことも多いという。

「困窮という面では連帯できるけど、根本は違う。国籍条項で除外し、制度の節目には附則や通達で念押しまでして在日を徹底的に排除してきた。同じように日本で暮らし、納税の義務も果たしている。生活苦に加え、差別に苦しんでいる人たちの声に、なぜこの国は応えようとしないのか。死んでいくのを待っているとしか思えない」。

二〇〇四年一二月二一日、在日高齢者無年金訴訟が提起された日。裁判を支える会の共同代表を務める鄭禧淳さんも横断幕を掲げた原告らとともに裁判所に入った。そして提訴後に京都弁護士会館で開かれた報告と記者会見にも出席、原告たちと壇上に並び、マイクを握り締め、参加した五〇人ほどの支援者たちに訴えた。

「『アイゴー』と繰り返しながら玄界灘を渡ってきた一世たちの叫びを、『エルファ』に変えたい。私たちはその一念で活動してきました。声を上げ続けるハルモニたちを全力で支えて行きたい」。

原告の在日一世五人は全員、識字活動などを通じて関わってきた母親のような存在という。

「お金が欲しいんじゃないんです。日本政府の責任で苦労を強いられ、今も置き去りにされる人間として、死ぬ前に声を上げたい。その一心なんです」。

（1）姜在彦《カンジエオン》『朝鮮近現代史』（平凡社、一九九八年）などを参照した。
（2）飯沼二郎『朝鮮総督府の米穀検査制度』（未来社、一九九三年）。
（3）京都府社会事業協会「社会時報」4巻5号（一九三四年）。
（4）東九条の地域形成史や人口動態については、宇野豊「京都市南区東九条のまちづくりとNPOの役割」（『京都地域研究』VOL．17）。龍谷大学同和問題研究委員会『高瀬川を歩く――東九条と在日コリア人』（二〇〇二年）。
（5）高賛侑『国際化時代の民族教育』（東方出版、一九九六年）では、反対闘争には延べ一〇〇万人が参加し、二九〇〇〇人が逮捕。うち二一三人が起訴され、軍事委員会裁判で三三人が重刑や国外追放の処分を受け、全員の刑期を足すと一一六年一〇カ月に達したとしている。
（6）韓国の盧武鉉大統領は、二〇〇五年三月一日の「三・一独立運動」記念式典の演説で、過去の歴史問題を「外交的争点には取り上げない」とする考えに変化はないと前置きしつつ、「法的問題以前の人類社会の普遍的倫理、隣国間の信頼問題との認識を持って積極的な姿勢を見せてほしい」などと促した。国外内からの批判を無視し、首相は靖国神社への公式参拝を繰り返し、歴史認識をめぐる閣僚たち暴言がさしたる問題にすらならない日本の状況と、経済援助と引き換えに、歴史的な責任を不問にふした過去の政権の判断を批判する発言である。その後も事態は動いている。三月一六日、島根県が「竹島の日」条例を制定したことと歴史教科書の検定問題を受け、韓国政府は日本政府に対し、歴史認識をめぐる問題を正面から取り上げ、「真の謝罪と反省」などを呼びかける対日政策の新原則を発表した。事実上、対日政策は修正、あるいは転換されたといえる。二〇〇五年三月一日付「毎日新聞」大

阪本社発行版夕刊。二〇〇五年三月一八日付「朝日新聞」大阪本社発行版朝刊。

（7）朝鮮にあるもう一つの政府は、日朝国交正常化交渉（一九九一年開始）において、「日韓条約方式」でことを済まそうとする日本政府に対し、道義的責任として、歴史の清算を意味する賠償と補償を求めてきた。しかし二〇〇二年九月、平壌で開かれた日朝首脳会談で北朝鮮側は従来の主張を撤回した。結果、平壌宣言には、国交正常化の経済支援や人道支援などの見返りに、「請求権を相互に放棄する」との原則が盛り込まれた。

（8）執筆段階でもっとも新しい判決は、名古屋地裁が二〇〇五年二月二五日に請求棄却を言い渡した勤労挺身隊訴訟がある。一九四四年、朝鮮から渡日、名古屋市南区の三菱重工道徳工場（当時）で飛行機部品製造などの重労働を強制された韓国人女性六人と遺族の男性一人が、国と三菱重工に損害賠償を求めた裁判である。佐久間邦夫裁判長は、「請求権問題については解決済み」とした日韓請求権協定を理由に賠償請求の法的根拠自体を否定した。二〇〇五年二月二四日付「毎日新聞」中部本社発行版夕刊。

（9）文部科学省は、二〇〇〇年四月の「地方分権一括法」の施行でこの通達は効力をなくしたとしている。だが一方で、後段の「朝鮮人として（中略）わが国の社会にとって、各種学校の地位を与える積極的意義を有するものとは認められない」の見解自体は「変更」を表明していない。形式上、通達は失効しても、この認識は、今もって日本の文教行政の根幹をなすと考えられる。

サンフランシスコ講和条約が発効した一九五二年四月二八日、日本政府は旧植民地出身者の国籍を一片の通達で剥奪する。日本の植民地政策によって「日本国民」の枠に引きずりこまれ、「内地」日本で生活していた約二二〇万人ともいわれる朝鮮人、そして台湾人たちは、一日にして無権利状態の外国人となった。それは言い換えるなら、この日本という国は、日本人だけがそこに存在する正当性がある、そして、外国籍者がこの国で生きられるのは日本政府からの恩恵にすぎない、「外国人は煮て食おうが焼いて食おうが自由」という政府による宣言だった。すでに第Ⅰ章で見たように、その翌年の一九五三年には占領下、ＧＨＱの命令で廃止されたはずの軍人恩給も日本人だけを対象にして復活した。そして、戦傷病者援護法をはじめ児童手当三法など、これ以降に作られた社会保障法には次々と国籍条項が設けられたり、運用で外国籍者を排除したりした。国民年金法の国籍条項もこうした文脈の中で設けられたものだ。法律の制定時に、外国籍者排除の是非が国会で議論された形跡はない。

Ⅲ章
一〇〇歳まで生きて頑張る
鄭福芝さん

だが、一九八一年、難民条約を批准したことで日本政府は国籍条項の撤廃を余儀なくされる。当時の国会では、国籍条項の撤廃時、日本人を対象とした国民年金制度がスタートした時と同様の諸措置、たとえば、納付期限の短縮や福祉年金制度の適応といった経過措置を旧植民地出身者を中心とした在日外国人に対してとらないと、これらの者たちが依然として無年金状態に留め置かれることが指摘されている。

福祉年金制度とは、一九六一年四月の年金料徴収スタート時に五〇歳を越えていた場合、かけ金を納めていなくても七〇歳で自動的に受給できる制度である。日本政府は、同制度の開始から二〇年を経過した一九八一年四月以降、日本人の新たな受給は生じないとして、同制度の新規受給者を認めない方針を決めていた。外国籍者への適用はあくまでも認めないという強固な意志表示である。一九八一年二月二六日の衆院予算委員会で、当時の草川昭三衆議院議員は政府にこう質問している。

「とにかくは戦前からの歴史的な経過の中でずっと苦労をして居住をなすってみえる方こそ、(二五年の加入期間を満たせない)三十五歳以上の方々が対象でございますから、それ(福祉年金制度)を打ち切るべきではない、こういう主張であります」。

これに対して当時の園田直外務大臣は、今国会ではそれは間に合わないと前置きしつつ「これは将来の問題でありますが、もし検討するとすれば、経過措置とかなんとかということでその際検討する道はあるのではないか、こう思うわけであります」と答弁している。

二日後の二八日には土井たか子衆議院議員も経過措置の必要性について質問した。園田外相は「それをやっておると、（難民条約の批准に）間に合いませんが、それをやった後、今の御発言にもありましたように、年金法の改正の中で、そういう問題が考えていかねばならぬと思うわけでありますが、今の御発言の趣旨は十分わかりましたので、事務当局ともよく相談するつもりでおります」と答えている。これを踏まえて一九八一年の衆参両院では、「中国からの帰国者並びに国際化の進展に伴う海外長期居住者及び在日外国人の年金制度について、適切な方策の確立に努めること」との付帯決議がなされた。同様の決議は一九八四年にも採択され、二〇〇四年、特定障害者給付金法案が成立した際にもなされている。四半世紀前からこの問題は繰り返し取り上げられ、その解決に向けての努力の必要性がうたわれているのだ。それにもかかわらず、いまだ何らの措置もとられていない。これが、この国の選良たちの「やってきた」ことである。まさに確信犯的行為、国会議員の怠慢でなくして何だろうか。

立法府が沈黙を続ける一方で、当事者たちは確実に死去していく。京都の在日生活支援センター「エルファ」理事長の鄭禧淳さんも全面的に支援する在日高齢者の無年金訴訟でも、原告たちの平均年齢は八〇歳を越えている。残された時間との競争になっていくことは想像に難くない。最後の戦後補償裁判と言っていい。

鄭さんが訴訟を支援したいという思いの根底には、これまで彼女が出会ってきたハルモニ、ハラボジたちの姿がある。中でも今回の原告の一人である鄭福芝《チョンポッチ》さんとの出会いが、無年金問題に対して目を向けさせるきっかけになった。「京都で生活支援の運動をしていた時です。無年金者への特別給付金制度が京都市にはないことをめぐって、何回も叱責されました。『隣の大津ではあるのに何で京都ではない？　運動が弱いからやろ。ちゃんと運動してもらわんと困る』と。激しい人です」。

鄭福芝さん。在日高齢者の無年金問題を当事者の側から告発し続け、一九九〇年代には京都市長に宛てて、問題の解決に向けた投書を何度も行った人である。

「わしらが死ぬのをまっとるんやろ！」。

動かぬ行政に向けて、当時、彼女が放った言葉だ。自らの責任で生み出した「難民」に対し、謝罪も補償もしないどころか、生存権を支える社会保障からも締め出し、他者と「共に生きる」ことを頑なに否定し続ける日本政府の姿勢を糾弾したこの言葉は、京都訴訟への支援を呼びかけるビラの見出しになっている。

京都市中京区、ＪＲ山陰線の二条駅にほど近い、かつては朝鮮人が集住していたという住宅街に、鄭福芝さんの家はある。通りから路地を南に下り、玄関の引き戸を開けると折り畳んだ青い車椅子が目に入る。その先に延びる廊下の脇にはザルが二重に置かれ、長さ五センチほどの赤い唐辛子が山と盛られている。朝鮮料理に不可欠の調味料であるのはもちろんだが、朝鮮では「魔除け」に効果があるとされる。二度に分けて摘まれたのだろうか。紅色の光沢を放つものと、色あせたものと二種類がある。

ガラス戸を開けると、鄭さんは横臥していた体を重そうに起こして、大きな息をついた。「足の調子が悪いねん」。何度も右足をさすり、這うように室内を動いて、座布団を用意する。どこでも伏せられるようにか、あるいは転倒した時のことを想定してか、部屋の中にはシートやマットが敷き詰めてある。大通りから奥に入った民家の静かな部屋に、大きな溜息が何回も響いた。娘のようなエルファの理事長を何度も叱責し、個人として京都市長に手紙を出し、問題の解決を迫った人……。初めて本人の姿を目にした時、伝聞を通して私の中で作り上げていた、押しの強い、強面のイメージとは隔たりを覚えた。

鄭福芝さんは一九一八年、現在の韓国・慶尚南道の南海面深川里で生まれた。父親は鄭さんが二歳になる前に世を去った。「大邱に商売に行くといって出かけたまま、そこで亡くなった。棺をそこから家まで運んだから借金まみれになったらしいわ」と笑う。「『父の顔も知らない子やから可哀相』と思ってたみたい」と振り返る。鄭さんには親族からかなりの愛情が注がれたようだった。普通学校にも通った。植民地支配下の朝鮮、一九二〇年代中頃の就学率は全体で二割弱程度、女性の場合は七%前後の低さだった。

「女の子は特に、学校にはいかんで働いてる人ばっかりやったから私は珍しかった。母は私の言うことは、出来るだけ聞こうと思ってたんや」。

村から二キロほど離れた学校へまっすぐの道を歩いて通学した。鄭さんの幼少の記憶に残っているのは、のどかな田園が広がる風景だという。

「学校から家に帰ったら、田んぼにスズメを追い払いに行ったわ。（コメの）芯が固まるまでは、寄ってくるスズメを追い払わんと食べられてしまう。『おやつ』って青いうちから干した渋柿を渡されるんや。渋みを抜くのに水につけてるんやけど、たいして渋みは抜けてへんねん」。

そんな日常にも、朝鮮植民地支配の影が色濃くさしていく。

「私らの学年までは週二回、朝鮮語の授業があった。毎日使ってるから学校入る前に読み書きも覚えてたから関係なかったけど、授業はあったんや。でも私らが卒業した後は、週二回の朝鮮語すらもなくなったし、学校の中で使うたらあかんようになった」。

アジアへの侵略が進み、太平洋戦争に向けて動いていくなか、朝鮮語は教育の場から駆逐されていく。日中戦争開始の翌年である一九三八年、普通学校は小学校となり、朝鮮語は随意科目として事実上無くなる。そして、太平洋戦争が始まった一九四一年、小学校は国民学校に改変され、朝鮮語は名実共に消滅する。その前年には、一九一九年の「三・一独立運動」を契機に創刊された朝鮮語の新聞「東亜日報」と「朝鮮日報」が廃刊にされている。それは一九一〇年の韓国併合以来、植民地での教育政策の基本であった「皇民化教育」の強化に伴って進められた。他者を他者として認めず、徹底的に自分たちに近づけていくことにしか社会の姿を見出せない「哀れな国」[1]の発想がここには垣間見える。それは、植民地出身者を、天皇や「お国」のための人殺しにまで駆り出すことと表裏一体だった。

日中戦争が長期化し、日本が太平洋戦争に進んでいくと共に同化教育が推し進められ、特に言葉の強制が激しさを増していく。植民地における教育政策を研究する駒込武さんは、この理由を「おそらく日本政府には、『日本語』しかなかったのだろう」と推論する。

「『内鮮一体』と言っても、日本には、たとえば西欧がアフリカを植民地支配する際に広めたキリスト教のような、植民地でそこの住民に刷り込んでいけるようなもの、つまり世界化できるような理念がなかったのだと思う。たとえば儒教だったら、支配している地の朝鮮人や台湾人の方が日本人よりよっぽどよく知っている。天皇制などは、とてもその任には足り得ない。だから、『国語』というものに執着せざるを得なかったのだと思う」と、語る。

鄭福芝さんは一四歳で学校を卒業した。その後は一年間、軍が直轄していた綿作伝習所で綿作りを学ばせられ、原綿の製造に従事することになる。

米と並び、綿は宗主国が植民地に求めた作物だった。朝鮮近代史が専門の水野直樹さんによると、そもそも朝鮮にも綿作はあったが、「内地」のものとは品種が違い、日本の紡績に使うには繊維が短かった。このため日本政府は一九一〇年代から、日本の紡績に使える品種の栽培を推し進めていった。不足が指摘されていた外貨獲得が目的だった。輸出品でもあった綿製品は、日本にとって、欧米諸国との貿易をする上で不可欠な外貨獲得源となりうる産業だった。地続きで、大陸への輸出コストが削減できることや、「内地」に渡る経済力すらも持ち得ない没落小作農民ら、安価な労働力を着実に得られる条件に恵まれていたことから、日本の複数の紡績会社が朝鮮に進出していた。

一九三〇年代には、カネボウなど内地の大手紡績会社が朝鮮に工場を設立した。それに伴い、現地の農民には、材料となる原綿の生産が強要されるようになる。これも現地調達によるコスト削減である。さらにいえば、世界恐慌によって日本国内では敷かれていた工場の稼動制限が、朝鮮においては適用されておらず、ただひたすら生産性を上げることに専念できた。言い換えれば、労働者をめいっぱい働かせられることも重要な背景だった。

鄭福芝さんが玄界灘を越えて「内地」日本に渡った動機は、在日朝鮮人の渡航に関する、ある種のステレオタイプを裏切るものだ。ある時、朝鮮で発行されている新聞に大阪の工場が出した「女工求ム」との広告が鄭さんの目に留まったという。日給は七〇銭だった。

「私の場合、朝鮮で食べられんことはなかった。でも軍の仕事をしていてもつまらんし、日本に行けば何かあると思った。言ってみれば『大志を抱いた』んやな」。母親は反対しなかったという。「子どもの願いを聞いたらんと、『アヤッ』て声だして引っくり返って、二度と起き上がれなくなるっていう朝鮮の迷信があるんや」。

わけが分からず、「えっ?」と訊き返した私に、鄭さんは、「アヤッ」と叫びながら仰向けに倒れる真似を何度もしてみせた。「近所の人からも言われたみたいで、母親はそれを信じてたみたいやな」と笑った。

親族から反対されるのを警戒して、渡日の「計画」は、祖父たちには直前まで内緒にした。

植民地住民とは、宗主国の経済を支えるための安全弁である。植民地支配によって、一つの領土となり、理屈上は自由に往来できたはずだったが、実際は彼、彼女らの「内地」への労働目的の渡航は、日本の景気変動によって管理、規制されていた。合法的に「内地」に渡るには、朝鮮の警察署が発行する渡航許可が必要だった。たとえば一九三四年には、朝鮮人労働者の渡航に関する厳格な管理が徹底されるなど、渡航許可が下り難い時期もあった。しかし、鄭さんの場合、渡航許可は簡単に下りたという。明治大学を卒業して朝鮮に戻った従兄が、産業組合の理事を務める有力者だったからだ。

十代前半の鄭さん。「腰まで髪の毛伸ばしてたの、私くらいやった。故郷の楽しい思い出いうたらそれくらい」。

当時、朝鮮には京城帝国大学しか大学はなかった。「植民地の人間には実業を教育すればいい。高等教育機関は高等遊民を生み出し、反政府運動の拠点になる」。日本だけでなく植民地宗主国にはほぼ共通してみられるこのような発想があり、日本政府は当初、植民地に大学を設置しなかった。そもそも、初等、中等教育についても、長く宗主国とは違う制度をとっていた。植民地化以前から朝鮮にはキリスト教系や民族系の教育機関が存在していたが、学校とは認められず、進学後の展望は開けなかった。現在も続く朝鮮学校への差別施策の淵源である。

しかし、朝鮮における植民地解放運動が噴出した三・一独立運動を受け、日本政府は方針を撤回、初等、中等教育の制度を宗主国と「同じ」年限にせざるを得なくなる。そして高等教育機関については、いわば妥協案として、一九二二年、京城帝国大学の設立を決めた。その一方で、理屈上は可能だった「民立大」の設置はなされず、高等教育を求める若者たちは、宗主国の大学に進学することを余儀なくされていた。明治大は、朝鮮、台湾からの留学生を最も多く受け入れた大学である。[2] こうして鄭さんは一九歳のとき渡日した。

「当時はぜいたくせんかったら一食が一〇銭で食べられた。三食、食べても四〇銭残る。看護学校にでも通えば将来が開ける気がしたんや」。

だが実際の労働条件は、広告とはまったく違っていた。やむなく他を当たったが、日給五〇銭ですら仕事はなかった。当時、朝鮮人の給料は日本人の五、六割程度だったともいわれる。

「姉のいた築港（大阪市港区）から鶴橋（同生野区）まで大阪市内を歩き回った」。ハンカチ工場に職を得たが長続きしなかった。いくつかの職を転々としたすえ、ようやく、大阪市西区でセメント袋を再生する仕事に就けた。

「朝六時半から晩六時過ぎまでの仕事や。破れて使えん袋と、まだ使える袋を仕分けしてな、使える袋をはたいて、裏返しにしてミシンで縫うんや。『ぱーっ』って粉が上がってな。目の前なんか見えへんねん。それからものすごい寒いんや。それで手ぬぐいを三枚被るんやけど、それでも粉が入る。この仕事やめてから一〇日経っても二週間経ってもな、鼻からセメントが出てきたわ。それでも五〇銭にもならんかった。女の子ばっかり六人くらいおったかな。半分以上は同胞。そのつてで私も働けたんや。(つてが)なかったら雇うてくれるかいな。一人、宮崎さんという沖縄の人がおった。あれが私にとって一番大変な仕事やったな。看護学校に行ったかて? 考えてみいな。仕事終わったらもう、くたくたやで。それどころやなかったわ」。

渡日前、鄭さんは、大阪で働き、できれば故郷の母に仕送りでもしようと考えていたという。だが、実際の生活はそれどころではなかった。逆に「内地」から窮状を訴えてくる娘に対し、母は田んぼを処分して、仕送りをしてきたという。「一〇〇円を二回やった。当時、一〇〇円いうたら、ほんまに大金やった。まわりの人は、そりゃ、『どんな金持ちなんや』って驚いていたわ」。やがて母も一〇三円を持って渡日、ミシンを買って、鄭さんと二人で内職をした。

母と二人で一年半、大阪で生活した。母が朝鮮に戻ったあと、鄭さんは親戚を頼って京都に来た。そして同じ面(村)出身の男性と二二歳で結婚し、今の住所に落ち着いたという。当時は木造のバラックが立ち並んでいた。「今でこそほとんどおらんけど、終戦のころまで、近所はみんな朝鮮人やった」という。鄭さんの夫は歯科医だった。ただし、国から承認は受けていない、いわゆるモグリである。「でも、ものすごい上手《うま》かったんや。今の家の向かいで診てたけど、遠くからもようけ来てたで。それで戦争中でもまぁまぁ暮らしてはいけた。近所でも信用されてたし」。そして続けた。「でもそれをせんようになってから苦しくなった」。

夫が狩猟に没頭し、「診察」をしなくなったのだった。「英国製の二連発買ってからはキジ撃ちばっかり。子どもが小さいのに、『鉄砲屋に行くわ』って家、出たら、もう何日も帰って来おへん。一度なんか、下の子の具合が悪いのに、『弁当詰めてくれ』って言った後、三日も帰ってこんかった」。当時の様子が思い浮かぶのだろう、呆れつつ、鄭さんの口調が軽やかになり、顔がほころぶ。

「居なくなって三日目に、イノシシを引っ張って向こうから帰ってくるのが見えるんや。それで私も腹立って、玄関に鍵かけて家にいれんかった。そしたらあの人、隣の同胞の家にイノシシ持って入って、人、いっぱい呼んで宴会始めるねん。もう、酒かっくろうてどんちゃん騒ぎや。それで壁越しにウチに向けて『うまい!』っとか、『このイノシシ、なんでこんなに美味いんや』とか、大声で聞こえるように言うてくんねん。腹立ってなぁ、『ウチは意地でも食べへん。そんなイノシシ食べへんわ!』って壁に向けて怒鳴り返してな」。

楽しそうに夫の思い出を語る鄭さんと一緒に私もひとしきり笑った。夫と過ごしたそれらの時間は、箱の中に大切にしまってある宝物のような、鄭さんにとってかけがえのない人生の思い出なのだと感じた。

夫との間には四人の子どもを授かり、一人は死去した。必死で生活しているさなかの一九五九年、北朝鮮への「帰国」事業が始まる。当時、多くの在日朝鮮人の生活は困窮を極めていた。直前である一九五五年の統計では、在日の生活保護受給率は平均の一二倍に及ぶ二四%に達していた。初年に北朝鮮に渡った約三〇〇〇人のうち、生活保護受給者は四割を超え、一九六七年までに「帰国」した成人男性のうち、約四割は無職か、それに近い状態だったともいわれる。在日にとって「帰国」は、激しい差別と経済苦が影のようにつきまとう日本での暮らしから逃れる方途でもあったのだ。夫と息子たちは「帰国」に思いをめぐらせるようになる。だが鄭さんは思い悩んだ。「頼母子の借金があったんや」。

頼母子講とは一定の人数が集まって組を作り、少しずつの拠出金を積み立て、順番に配当金として小銭を付けたり、必要のある個人にまとまった額を回したりする互助システムである。

好きだったのは畑仕事。かけた手間ひまが素直に実りにつながるのが嬉しいのだという。

社会的な差別で、金融機関からの融資を受けにくい立場にあった在日朝鮮人の間では、大口の資金調達のため、同胞間での頼母子講が発達していた。やがてその需要は、朝鮮総連や韓国民団の影響下で設立された、いわゆる民族系金融機関に吸収されていく。ちなみに頼母子講は日本では「無尽」などとも呼ばれる。アジアに特有の制度ともいわれ、今も残る類似の制度には琉球地方の「模合《もあい》」などが存在している。

鄭さんは娘にピアノを買ってやるため、頼母子講の積み立てを切り崩し、皆に借金をした形になっていた。夫や息子が帰国を言い出したのはその二カ月後だった。「嫁入り道具と思って娘にピアノ、買ってやった思うたら、次の次の月には、『帰国』、言い出した」。

新生活と祖国建設に夢をかける夫と息子たちを傍目に、鄭さんは悩み続けたという。「いや、ほんま（踏み）倒そうなんて考えもせんかったけど、大きかったのは、きん・にっせい（金日成）の言葉があってん。『菜っ葉一束でも負債のある人は返してから来るように』やったかな。あれを純粋に信じてた。ほんま一カ月悩んだわ」。そして悩みぬいた末、夫に打ち明ける。「私は後で行くわ、と。ほならあっさりと『あ、そっ。ほんで、いつ来んの？』やで。『残るわ』なんて言うたら怒るかもしれんと、脂汗たらすような思いで言ったのに、あれやったら、もっと早よう言いえばよかったわ」。鄭さんは笑いながら、夫の「いい加減さ」を面白おかしく話した。

新聞記者的な感覚でいえば、ここではたと困ってしまう。新聞や放送などのマスメディアでは社会的な関心や意義、今後に与える影響が大きい、あるいはそうみなす民事訴訟については、提訴や第一回口頭弁論、さらには判決などの節目に備えて、多くの場合、事前に原告や関係者へのインタビューをし、後の紙面や番組での展開に備える。この在日高齢者無年金訴訟のように複数の原告がいる場合は、客観的に見てより酷い体験を経てきた人を「選ぶ」傾向がある。例えば戦後補償の取材では、より即物的な意味で暴力的に連れて来られ、過酷な経験をした人を選ぶ。また、在日朝鮮人の取材では、一九二〇年代から一九三〇年代前半ごろに渡日し、内地「日本」での生活基盤を築き、故郷での基盤を失って在日し続けた人たちよりは、実際にはほとんどが解放直後に帰国している強制連行の被害者を探し出そうとする傾向が今もある。その方がインパクトが強く、読者、視聴者に訴えかけやすいと考えるからだ。

その意味では、暴力的に連れてこられたわけではなく、鄭さんの言葉を借りるなら「大志を抱い」て内地に渡り、解放後は、借金のために帰国できなかった彼女の経歴は、取材者を躊躇させることになる。実際、提訴前には、鄭さんに取材したものの、彼女の渡航と在日の経緯を聞いて紙面化を止め、他の原告に取材した結果を記事化した記者もいる。しかし、植民地で生を受けた人々が、抑圧者である宗主国に生きる展望を求め、越境するという「決断」は、いかなる外的状況下で形作られ、下されてきたのか。それは少なくとも一八九四年、朝鮮を戦場にして戦われた日清戦争まで遡り、歴史的経緯を背景に考えていく必要がある。

日清戦争、日露戦争で戦勝国となった日本は、その過程で大韓帝国の金融、財政、外交などの実権を握り、一九一〇年、ついに韓国を併合する。そして植民地朝鮮では、すでに述べたように、宗主国への食料供給のために米が増産され、宗主国の外貨獲得のために原綿への生産切り替えが強烈に推し進められた。その結果、多くの農民が没落し、故郷での暮らしは立ち行かなくなっていった。日本人の賃金の半分から六割という低賃金で、劣悪な労働条件が待っていることを知りつつも、植民地の朝鮮にとどまるよりも「内地」に生きる道を見出さざるを得ない、選ばざるを得ない社会状況にあったのだ。
生まれた時はすでに日本の一部で、収奪されるばかりの朝鮮で育ち、当時、十代だった鄭さんが、豊かにみえた「内地」に今後の展望を求めたとして、何の不思議があるだろう。モデル的な被害者とは異なる鄭さんの行動は、宗主国が植民地の住民に強いた、いわば「全体としての強制性」と、その中で「人間が生きる」ということのリアリティーを踏まえたうえで考えられるべきものではないだろうか。植民地に生を受けた人々は、どこまでも「悲惨な犠牲者」でなければならないとでもいうのだろうか？　被害者の「ありよう」は、加害の側からとやかく言う筋合いのものではないはずだ。

自戒を込めていうのだが、考えなければいけないのは、植民地支配という客観的な事実と、支配／被支配の関係である。「悲惨さ」を物差しに選ばれた人たちが、思い出したくもない自らの経験を語り、それが、テレビ映像や、新聞記事の限られた行数に合わせて短く切り取られ、読者や視聴者に向けて発信されていく。こんなマスメディア的手法は、印象の強い、短い言葉や映像で目の前の現実のみを切り取り、突きつけるがゆえに、センセーショナルな生の断片を消費することに終始してしまい、見る人間がそこから踏み込み、「なぜそうなったのか」と歴史の内実を問うていく営為から遠ざけてしまう。さらに言えば、あえて人前で語ることで、不正に対する謝罪と補償を勝ち取り、蹂躙された尊厳の回復を実現しようとする人々を、哀れみの対象にしてしまいかねない。ダイレクトに伝わる「悲惨さ」を求め、飽きっぽくそれを消費していくのは、マスメディアのどうしようもない性癖である。そしてそこには、大きな落とし穴があると思う。「犠牲者」のイメージに合致する被害者を映し出し、その「悲惨さ」を強調することは、「だからこの人たちへの補償を」という発想へと収斂し、そうでない「犠牲者の典型的なイメージ」から外れている被害者たちから、その要求の正当性を失わせてしまうことと表裏一体だ。個々人の受けた暴力体験の「悲惨さ」を尺度に被害者を篩にかけ、客観的な背景を覆い隠してしまう。そんな発想はいったい、誰を利するのか考えねばならないだろう。

一九六一年、鄭福芝さんの夫と、既に嫁いだ娘を除く息子二人は北朝鮮に「帰国」した。その後は一人暮らし。働き詰めの毎日だった。嵐山の畑を買い取り、農作物を作り、売った。四六歳で車の免許も取った。「すごいですね」と私が言うと、鄭さんは少し誇らしげだった。「四三歳の日本の人も来てた。『私は年やしアカン。もうやめるわ』と言って、その人はやめてしもうたけど、私はやめるわけにはいかんかった。生活かかってんねんもん。車あったら何でもできると思ってたから」。

免許を得た後は、大阪市淀川区の船場に出かけてシャツやパンツといった衣料品を仕入れ、職業安定所や飯場を回って行商をした。

鄭さんの手の指の第一関節は「く」の字に大きく曲がっている。まっすぐに伸ばしても、まるでバネのようにすぐにもとに戻ってしまう。そのことに私が気づいて訊ねると、鄭さんは鍬を握り込み、振るう仕草をした。農作業での重労働のせいだった。「伸ばしても元にもどらんわ」。

市長からの手紙は大切に保管してある。「下の人が書いたんやろうけど、いちおう、返事くれたから」。

一五四センチという小柄な体躯とは不釣合いに鄭さんの指は、学生時代、格闘技で鍛えた私の指より太い。手首から指先までを力強く、一直線に何度もさすると、いたずらっぽい笑みを浮かべながら彼女は言った。「ほんま女学生時代はな、白魚みたいな指やってんで……」。

行商と畑仕事に追われる日々のなか、鄭福芝さんは六〇歳を越えてから夜間中学に通っている。老後の保障を意識しはじめたのはそのころだった。

「今のJR円町駅（京都市中京区）近くの職安に、月に一回、日雇いの人が集まって次の月に自分が働きに行く場所を決めるからねんけど、その時に年金の掛け金も納めるねん。行商に行って日雇いの人と話すると、私に『今日は年金を払う日やねん』って言うんや。その時はけだるいなと思ったし、欲しいとは思わんかったけど、しばらくしてや、七〇になってみたら『やっぱり困るな』と」。

鄭さんは、京都市役所の本庁や区役所に置いてある市民からの意見を求める封筒を使い、京都市長に手紙を出した。

「『年金くれ！』ってそのまんま書くのもなんやし、『年金がないのに仕事がない。便所掃除でもするから仕事をさせてくれ。それでも駄目なら年金出してくれ』って」。

「どうして政府でなく市長に？」と聞くと、鄭さんは、「オマエはアホか」と言わんばかりの表情で上体を揺らし、右手で私をはたくような仕草をして笑った。「そんなもん、総理大臣に出しても読まへんやろ、そりゃ。市長やったら読むかもしれんやんか」。

出した手紙は一〇通を越えるという。返事は七通来た。以下はその一通の内容である。

「『国民年金制度は、国において一元的に運営されており、無年金者に対する救済は、国民皆年金の趣旨に照らし、国が制度的に解決することが最良の方策である』との考え方に基づき、国に対して申し入れを行っておりますが、未だ制度化されておりません（中略）今後も他都市とともに、また本市独自でも機会あるごとに制度の改善を、国に対して強く要望してまいります」。そして、自治体の独自給付については、「現在のところ財政状況もあり、その実施は困難といわざるをえませんが、国が制度化を図るまでの過渡的な施策として、既に独自給付を実施している他の（政令）指定都市などからも情報を入手して、研究をすすめているところであります」。

確かに在日外国人の無年金問題は、排除施策をとってきた国の責任において解決すべきであるのは当然の道理である。とはいえ、地域住民に直接向き合っている地方自治体としては、余りにも素っ気ない返事だった。その後、行政交渉が繰り返され、京都市は遅まきながら一九九四年に在日外国人「障害者」、一九九九年には高齢者への独自給付金制度を実現した。二〇〇四年には京都府も支給に踏み切った。朝鮮総連や韓国民団、さらには在日外国人「障害者」無年金訴訟などの裁判闘争を支援している市民団体の粘り強い行政交渉の結果である。だがその金額は無拠出制の福祉年金の半額以下に過ぎないのである[3]。

結局のところ、何の所得保障もない老後だった。加齢に伴う体力の低下は如何ともしがたい。鄭さんは二〇〇三年一二月、それまで拒んでいた生活保護を申請した。生活保護は早い時期から外国籍者も受給できた数少ない社会保障のひとつだ。しかし、仮に申請が却下された際、外国籍者には不支給決定について異議を申し立てる権利は認められていない。まさに恩恵としての制度である。鄭さんは自身の所得保障は歴史的責任のある国の責任で行うべき、との意地があり、生活保護は拒み続けていたのだった。

その後も自分で車を運転し、畑仕事をしていたが二〇〇四年八月、左肩に激しい痛みを覚えた。病院でレントゲンを撮ったが原因は分からない。やがて痛みは胸に広がり、八月二八日、自分で救急車を呼んだ。搬送先の病院で検査をすると、三本ある動脈のうち二本が破裂していることが分かった。あと一本、破裂していれば死亡していたという。静岡で暮らしている長女が駆けつけ、看病した。長女の説得もあり、一〇月一日の退院時には、生活保護同様に拒んでいた要介護認定を受けた。結果は「要支援」に次ぐ「要介護」だった。

廊下に置いてある艶々とした唐辛子について、私が言及すると一瞬、嬉しそうな顔になった。「行商も楽しかったけど、畑仕事は楽しいわ。植えて肥料やるとちゃんと育つし。今でも道に座ったら、草を抜くのが癖や」。カーペットの表面を抓み、草を積む動作をして笑った。そして続けた。「もう採りにもいけんから畑もいとこにやった。唐辛子も摘んできてもらったんや。まぁ、ニンニクくらいはと思って植えたわ」と、庭の方向を顎でしゃくった。

今は訪問介護と週二回のデイサービスを利用している。医者も往診してくれる。倒れた後は、足が動かなくなり、寝て過ごすことが多くなった。働けなくなってから、体重も五キロ減ったという。

「楽しいことはない。淋しいことばかりや。この辺も成功した人は出て行ってまうし、故郷からは誰も知った人は（日本に）来てへんわ。新しい友達もおらへんし、古い友達は死んでおらんようになる。今は一日中家にいる。せいぜい寝てばかりやな」。顔を紅潮させ、大きく息をした後、ぼそっと呟いた。

「でも一〇〇歳まで生きる。生きて年金をもらうまで頑張る。金なんかなんぼでもあるのに、何でうちらにささやかな金をくれへんのや」。

旧知の人たちから私が聞いた、かつての姿を垣間見せた瞬間だった。

三年前、六十数年ぶりに故郷、慶尚南道の金海郡南海面を訪れたという。

「京都の親睦会の人ら四、五人で行ったけど、みんな変わってしもうてた。もう、どこがどこやら。自分が大きなった家がどこかも分からんかった」。

かつての故郷を思い出させる風景も人もいなかった。結局、高麗人参の産地として知られる観光地・錦山を巡って戻ってきたという。朝鮮に帰った夫は既に死去している。

「どこが故郷なんか、もう分からんわ」。

（1）二〇〇五年一月二六日、「都庁国籍任用差別裁判」で最高裁が原告逆転敗訴の判決を言い渡した後、原告の鄭香均《チョンヒャンギュン》さんが記者会見で述べた言葉である。日本が朝鮮を実質支配してから一〇〇年目、日本の敗戦、朝鮮の解放から六〇年、日韓条約締結から四〇年。二〇〇五年は、アジアの隣人とのいびつな関係についてのいくつもの節目を刻む年である。この年の一月、この国の変わらぬ地顔を示したのは、序章で触れたマンデート難民の強制送還と、鄭さんの訴えに対するこの最高裁判決である。中村一成「哀れな国」『インパクション』一四六号（インパクト出版会、二〇〇五年四月）

（2）日本が植民地でとった教育政策については、京都大学教員の駒込武さんにご教示いただいた。

（3）自治体独自の給付金制度は、一九七〇年代に始まった。市民団体「年金の国籍条項を完全撤廃させる全国連絡会」や韓国民団中央本部による調査を総合すると、二〇〇三年五月段階で、約七五〇の自治体が無年金の在日高齢者と「障害者」の両方、あるいはどちらか一方について独自の給付金制度を設けている。制度を設ける自治体は、日本弁護士連合会が日本政府に、外国人無年金者の放置は「国際人権規約に違反し、憲法に抵触している恐れがある」と報告した一九九六年以降、急増した。だが金額は低く、ほぼすべての自治体で、老齢福祉年金（月額約三万四〇〇〇円）と障害基礎年金（同八万三〇〇〇円）の半額を基準としている。それでも制度がある自治体はまだ「まし」である。

Ⅳ章

こんなこと書いたらあかんで、センセ

鄭在任さん

介護保健制度がスタートした二〇〇〇年四月、私は京都市右京区のある在日高齢者のお宅にお邪魔したことがある。日本の政策による社会保障からの外国籍者排除で、おびただしい無年金高齢者と「障害者」を生み出し、最低限の所得保障からも置き去りにされた人々をそのままに放置し続ける一方で、超高齢化社会に向けて、国庫負担を減らすため、利用者の自己負担と保険料の納付を前提にした制度、介護保険を創設、スタートする。在日の無年金者の存在など省みようともしない。いまだ「全員が日本人」を自明としているかのようなこの国の無責任ぶりを記事にしようと考えたのだった。

当時すでに八〇歳近い女性は、国民年金からは完全に排除されている年齢だった。生まれた時には、既に朝鮮は植民地で、渡日した後は、経済構造の最底辺で、その日その日を生き抜いてきた一人である。一定規模以上の企業に勤めることなどできず、厚生年金の対象ではなかった。「公権力の行使または公の意思形成への参画には日本国籍が必要」として公務員就任の要件に国籍条項を設け、官が率先して外国人の就労を完全に門前払いしていた時代を生きてきた人でもあり、〝当然〟、公務員にはなっていないゆえ、共済年金を受けているということもありえないのだが、年金をめぐる私との会話は噛み合わなかった。

――収入は何でしょうか？

「年金もろうてるから」

――いや、年齢的にないと思うんですけど？

「貰ってる！」

――貰ってないはずですよ。

「貰うてるって」

三、四回は繰り返しただろうか、言い争いまがいのやり取りになると、彼女は意を決して立ち上がり、「ほんなら見したる」と隣の部屋から通帳を取って戻ってきて、私に差し出した。見ると、彼女が言う「年金」とは、京都市が無年金高齢者に支給している特別給付金だった。同胞生活支援センターの職員が手続きをし、彼女は京都市から月額一万円の特別給付金を受け取っていた。だが文字が読めないため、彼女は何の名目で金が振り込まれているのか分からず、年金を受給していると思い込んでいたのだった。

私の祖母も日本語は読めない。他郷で暮らし、その地での公用語、もっと言えば使えるのが当然とされている言語を解せないとはどういうことだろうか。特に日本のように同一性を強制する圧力が常に働く社会で、ことにそれが、「生きること」それ自体に直結する場合には……？

私は一九九七年から翌年にかけて、ある刑事事件を巡り、殺人罪で起訴されたタイ人女性（一九六〇年生）と面会を続けていたことがある。当時、私は事件担当記者として記事を書いていたのだが、恥ずかしいことに、被告人と面会したのは彼女が始めてだった。

彼女は一九八九年、愛媛県松山市内で、他の二人と共に、管理買春のボスだった同い年のタイ人女性を殺害して逃げた。彼女は六年後に大阪市内で客引きをしているところを逮捕され、殺人罪で再逮捕、起訴され、松山地裁で懲役八年の実刑判決を受け控訴していた。茨城県下館市で起こったいわゆる「下館事件」など、一九九〇年代になって、関東地方を中心に続発した同種の事件の、いわばリーディングケースだった。

外国人女性の人身売買の問題に長く取り組み、裁判が続いていた当時も彼女を支援していた愛知県豊田市の僧侶、杉浦明道さんによると、タイ東北部の貧しい農村地帯から彼女が来日した背景には、日本の性産業における需要の変化があったという。一九七〇年代、いわゆる韓国への「妓生観光」と平行して、日本のブローカーはフィリピン人女性の「輸入」に目をつける。隣国への買春ツアーが内外からの批判を浴びるに伴って国内での需要が増して、一九八〇年代にはフィリピンからのルートが確立した。だが、教会を通じた同郷人のつながりで、悪質ブローカーや被害相談先の情報を得たり、英語を通じて地域とつながりえるフィリピン人女性は、ブローカーにとっては次第に「扱い難い存在」となっていく。代わって一九八〇年代後半から急増を始めたのがタイ人女性の売買だった。フィリピン人の多くが話せる英語と違い、日本にタイ語を話せる人は少ない。仏教徒とはいえ、日本の仏教とタイの仏教は違う。そうした言語と宗教の特殊性から、地域で孤立させやすく、逃げられ難いと考えられたのだという。

殺害されたボスは、人身売買のブローカーから彼女らを一人一五〇万円で買いとり、自分の顔が利く道後温泉のソープランドで働かせ、毎日五万円を彼女に上納させた。しかも家賃は別に払わせた。不満を漏らすと、「逃げればヤクザに家族も殺させる」とうそぶいたという。

ある日、被害者の「いつもの」言葉に逆上した彼女らは、三人がかりで被害者を押さえつけ、その喉を大型のカッターナイフで切り裂き、逃走した。

当時の新聞報道では、現場はまさに「血の海」だったという[1]。そこで事切れていた女性もタイ東北部の貧困層の出身だった。単身で日本に渡り、日本のセックス産業の最底辺で、日本人の男を客として取り、故郷に仕送りをしながら、必死の思いで金をため、彼女たちを買い取ったのだ。被害者は彼女らから搾取した金のほとんどを故郷に送金していた。そして被害者の肝臓は、病で既に壊死寸前だった。日本の性産業の最底辺で、タイ東北部の農村の女性同士が奴隷と主人の関係を築き、そして殺害されたのだった。

「事件のこと、裁判で、話したい」。イントネーションが伝えられないのがつらいが、女性被告が控訴した動機は「話したい」。たった、これだけだった。

公判で次々と明らかになるのだが、彼女は取り調べ、一審を通じて、およそ「通訳」と呼べるような通訳を受けていなかった。取り調べ段階で作成された調書に関しては、供述内容の時制や、事件当時における登場人物の位置関係など、いくつもの間違いが指摘された。供述調書は作成の上、読み聞かせ、内容を確認した上で、被疑者が署名、押印するのがルールだが、読み聞かせはまともに行われず、タイに二年いただけという日本人の通訳から「あなたの言ったとおりに書いてある。サインしなさい」と言われ署名したという。松山地裁での公判で一番時間を浪費したのは、こともあろうに通訳者が辞書を引く時間だった。そして、「私には出来ない」と交代を申し出た通訳者を「ベストを要求はしていない」と慰留した裁判長は、判決公判で主文と認定事実を読み上げた後、「判決補足理由に通訳は必要ない」と、通訳をさせず、当事者だけが、裁かれた理由を知ることができないという事態になった。

控訴審でも通訳状況はさして改善されず、控訴は棄却された。裁判所は最後まで、彼女に「日本語」を強制し続けた。判決文の末尾近くにはこう書かれている。「何度も密入国を繰り返し、売春に従事した被告に同情の余地はない」と。(2)

最高裁への上告を彼女が取り下げ、刑が確定するまで、私は計一八回の面会を続けた。その間、彼女の日本語は上達し、たどたどしいながらも私との会話はかなりのレベルで成立していた。拘置所は（少なくとも当時の高松拘置所は）、面会に立ち会う担当刑務官が録音機を置いて面会を始め、立会い官が分からない言語（実際は外国語全般だった。おそらくはウチナーグチもアイヌ語も駄目だったはずだ）での面会を認めなかった。だから彼女は、私たちから故郷に暮らす子どもの様子を聞いたり、伝言を私たちに託すため、日本語を学ばざるを得なかった。

うまく発音できない音があると、その日の機嫌によって、照れ笑いしたり、もどかしそうな顔をしたりした彼女のたどたどしい日本語は、私に、幼少のころ、老人ホームでの面会で聞いた、そして、枕元の「全」という姓と共に、違和感を抱いた曾祖母のたどたどしい日本語の記憶を蘇らせ、そして、日本語で話は出来ても、平仮名、片仮名、漢字、さらにはハングルでも文字の読み書きはほとんど出来ない祖母の存在へとつながっていった。タイ人女性の裁判に私をこだわらせた遠因は、この記憶の連鎖にあるのかもしれなかった、と思う。

在日朝鮮人、特に一世には、文字が分からない人が少なからずいる。経験則でいうと、女性になればその比率はさらに上がる。しかし、在日一世を対象にした広範囲に及ぶ統計はなく、あくまで推測になる。限定されたエリアでも統計は少ない。その数少ない資料の一つが、二〇〇四年、NPO法人「在日コリアン高齢者福祉をすすめる会大阪」（事務局・大阪市生野区）が大阪市生野区内で暮らしている、七〇歳以上、三〇〇人を対象に行った生活状況全般にわたる実態調査である。(3) この調査の中に、在日朝鮮人一世の識字率についてのデータがある。日本国内でも髄一といっていい在日朝鮮人の集住地域におけるお年寄りたちの実態は、そのまま各地の事情に敷衍は出来ないだろうが、それでも貴重な資料であることは間違いない。(4)

それによると、「日本語の文章を読める」と答えた人は全体の四四%、「ひらがな、カタカナは読める」が二一・二%、「日本語の文章は読めないが、ハングルなら部分的に読める」が五・八%。「日本語、ハングルともに読めない」が二九・三%にの結果が出た。また、日本語の文章を読める人は、男性が八六・五%だが、女性は二九・四%にとどまる。文章の意味の理解までを厳密に問えば、割合はさらに下がるかもしれない。さらに私の経験からの推測を付け加えれば、「字が読めない」と素直に答える男性がどれくらいいるのか疑問に思う。いずれにせよ、大きな原因は、正規、非正規を問わず、在日一世たちの多くが、教育の機会を得られなかったことである。その背景にあるのは植民地だった朝鮮で日本政府が行った教育政策、つまり歴史研究者、姜在彦さんが言うところの「愚民化政策[5]」、そして戦後、在日朝鮮人が日本で強いられた経済苦である。

「言葉よう話せへんし、文字も書けんけど、要はな、うちらはモデルみたいなモンなんや。年寄りでも、自分らが前面に出て初めて運動している人に手を貸せる。だからやっているねん」。鄭在任《チョンジェイン》さん。在日高齢者無年金訴訟の京都原告団の一人である。私を家に招き入れ、お茶を出すやいなや話し始めた。

二〇〇四年一二月二一日の提訴直後、旧知である同胞の女性から電話があり、司法の場に問題を訴えたことを激しい口調でなじられたというのだった。

『あんた、そんなことして、金、掴めると思ってんの』って言われたんや。あんまりや」。顔を紅潮させ、電話口で何度も言われたという言葉を繰り返した。

八〇歳にして長男夫婦の家を出て、同じ東九条にある六畳二間の団地に移ったのは二〇〇一年の一一月である。東向きに窓がついた奥の間、南側の壁に沿って台がある。半分は電話が占め、残ったほんのわずかなスペースには、ひ孫と甥の子、そして、青いチマ・チョゴリを着て微笑む鄭さん自身の写真が、一つ屋根の下で暮らしていた時をいとおしむように寄り添っている。転居翌年の誕生日、デイサービスセンターで撮った写真という。

一九二一年に現在の韓国、慶尚南道ののどかな農村に生まれた。故郷の村で両親は田畑を耕し、自給自足の生活をしていた。「米とか野菜とか作ってた。欲しいもんがあったら少し離れた市場に自分らの作ったもん持って行って交換する。田舎なんで生地も買いにいけへん。やから麻も種植えて、刈って、蒸して皮めくってな……。家族みんなでやってたから、親がするの見てた。秋なら秋で綿や。種植えて、種とって、紡いで、糸にして、生地にして、家族の着るもんとかは自分で作る。綺麗なん作っといて、娘が嫁に行くときもたせるねん」。

やがて父は「内地」日本に出稼ぎに行った。父がなぜ、日本に行ったのか、当時、幼い鄭さんに理由は分からなかった。五〇種類を越える課税、「供出」と称する収奪で農民の暮らしはもはや成りたたなくなっていたのだと、後になって聞いた。

「父は留守やった。代わりに家を守ったのはお爺さん、祖父。いつもついて回ったわ」と、鄭さんは話す。「ほんまに可愛がってもらった。家長やからご飯を一番先に食べるんやけど、私に『おいで、おいで』言うてな、横に座らして、ご飯を私に食べさせてくれるねん。夜は弟が母親と寝て、私はお爺さんと寝た。ほんまにいつも一緒にいたわ」。

しかし、のどかな故郷の村にも、露骨な支配／被支配の現実が付いてまわった。鄭さんの記憶に強烈に残っているのは、日本の官憲による嗜好品の取り締まりの風景という。一九一〇年の併合後、最初に日本政府が朝鮮の人々に禁じたのは酒とタバコの製造だった。朝鮮の人々の生活を宗主国に従属させる第一歩は、嗜好品を専売化し、それまでは当たり前だった、育て食む権利を人々の手から奪い取ることだった。

「苦労してきたから、今が一番、楽しいねん」。包み込むような表情と穏やかな口調で話す。

「まぁ、禁止されてたけど、お爺さんは内緒でタバコを山に植えてたな。自分で吸うだけの分を置いといて、炊事場の上とか押入れの上とかになおすんや。あぁ、隠すんや。みんな自分で吸うだけやで。葉を乾かしてな。それから酒も造ってたんやけど、時々、刀ぶら下げた警官が村にやってくるんや。『カチン、カチン』って音させるからすぐ分かった。日本人の下で働くのは朝鮮人なんやけど、二、三人くらいで来て、家に入って調べていく。隠してる場所もよぉお、知ってるねん。炊事場の上とか、押入れとか、『ガンッ』って音させて開けてな。私は怖いし、母親の服の袖、握ってな、弟たちと震えてじっとしてるしかなかった。ほんまに好きなように調べられるんや。近所の人？　近所の人はこっちの様子、見てるねんけど、今度は自分とこがやられたらかなわんから、誰も来てくれへん。酒もタバコも見つかるとみんな目の前で運んでいかれてそのまま没収される。どこに持って行ったって？　それは分からんわ。で、お爺さんは腕とか服、掴んで引っ張っていかれて、罰金もとられてな。お爺さんは泣いてた。あのときはみんなそうやった」。

子どもの前で官憲にいたぶられ、家で声を押し殺して泣いている祖父、そんな姿を見るのは、幼心にとって、耐え難かったという。

鄭さんが一一歳の時、父親代わりの祖父が死去した。「ホンマ辛くて、私、道端を転げまわって泣いた。あんまり泣くから近所の人が『あの子、もう駄目と違うか』って言ってたらしい」。

当時、仕事で内地を転々としていた父とは連絡がつかなかった。福井県の飯場で働いているのが分かり、何とか父が駆けつけて来たのは死後三日後、葬儀は既に終わっていた。儒教精神が根強い朝鮮で、親の死に目どころか、葬式にすら立ち会えないのはいかほど辛い体験だっただろう。留守宅を守っていた祖父が死去したことで、朝鮮での生活は断念せざるを得なくなった。妊娠していた母が鄭さんの二番目の弟を出産、落ち着いた頃あいを見計らい、母と赤ん坊、そして当時、一〇歳になっていたすぐ下の弟と四人で渡日した。

船旅の末に着いたのは、母の従兄弟が働いていた下関だった。粗末な格好の父が迎えにきたのを覚えている。「手ぶらで来てたわ。服もええもんやないし、どんな暮らししてるんやろうかって思ったわ」。それからは食べるため、家族と共に各地を転々とし続けた。当時一四歳だった鄭さんは、既に一人前の労働力として扱われ、飯場で食事を作った。

しばらくは山口県の山奥にある炭焼き場にいた。その後は九州へ。「『徴用は酷い』って噂を聞いたから逃げてたんや」という。軍施設で荷役をしたり、小倉では飯場に入った。「山のふもとに三〇軒くらいバラックが並んでた。現場の監督に『お前は大村や』と言われて、その日から父の名前は大村八郎。家族みんな大村で呼ばれた。うちらはバラックにも間借りできんで、その横にハウスを建てて住んでた。朝鮮人がようけおったわ。私はそこでご飯作ったりしてた。牛引いてきて、みんなで絞めて食うたりもした。でも『くうすう（空襲）警報』って入ってくると、山の方にみんなで走って逃げる。低い山に穴（防空壕）ようけ掘ってて、そこに入るねん。でもえらいもんで、人が逃げてもうて、誰もおらん家には爆弾落とせへん。工場でも少しでも人がおったらな、そこに爆弾落とすんや」。

空襲の対象に朝鮮人も日本人も関係ない。たびたび飛来した米軍の爆撃機は、ただ、敵地の人と財産を狙って爆弾を投下した。「上から落とすし、下から飛行機を狙って大砲打つやろ。火が下からも『スーッ』って上がっていくんや」。鄭さんは上下に構えた手を上げ下げして、砲弾の軌跡を表現した。そして両手を広げて体を左右に揺すり、撃墜された飛行機が墜落するさまを再現し、何度も繰り返した。「ほんまに恐かったで、よう死なんかったわ」。鄭さんのように「内地」で戦災被害に遭った朝鮮人もいれば、軍人、軍属として動員された朝鮮人もいる。戦地に駆りだされた朝鮮人は二四万二〇〇〇人余り。うち約一割が死亡したという。

戦後は一四八人（台湾人は一七三人）が戦後連合国による戦争裁判によって有罪となった。死刑判決を受け、恩赦の対象にもされなかった朝鮮人戦犯二三人（同二六人）はそのまま殺害されている。処刑された植民地出身者はいわゆる「BC級戦犯」で、捕虜の監視役として虐待の責任を問われたという。犠牲と責任だけは、日本人と等しかった。

戦時中、上官命令で米国人捕虜を刺し、戦後、絞首刑とされる元軍人を描いたTBS（東京放送）のドラマ「私は貝になりたい」の主人公、清水豊松は、死刑にされたBC級戦犯の典型的な姿である。そもそも宗主国によって戦場に駆り出された在日朝鮮人の戦犯たちは、二重の不条理を負わされて死んで行ったのである。

鄭さんは故郷でも日本でも、就学期に学校へは通えなかった。「生きるのに精一杯、はなからしょうがないと諦めてた。父親も子どもに教育を受けさせる考えがなかったと思う。なんでって？　父親もあまり教育を受けてなかったからやと思う。でも弟は学校に行った。日本に来たのが一〇月で、地元で運動会があってな、みんなが楽しく走ったり、わいわい騒いでるのん見て、気が変わったんやな」。

鄭さんは生活の必要に迫られ日常の日本語は覚えたが、読み書きはできない。「うまくしゃべれへんし、文字の読み書きもできひん。やから今まで郵便局と銀行にはいったことがないねん」。そして続けた「それ以前に預ける金もないしな。こんなこと書いたらあかんで、センセ、ほんまやで、やめてやぁ」。鄭さんは私を叩く素振りをして笑った。

学校に行けなかったと語る人が多い在日朝鮮人一世の中でも、特に女性の就学率は低い。ジェンダー史、近代朝鮮教育史を研究する金富子《キムプジャ》さんは、その原因を、「民族」「階級」「ジェンダー」が相互的に作用しあった結果と分析している。

一九〇五年に朝鮮を実質支配した翌年、日本政府はそのころ六年で定着しつつあった朝鮮の初等教育課程を即座に四年へと短縮した。「就学率の低さ」が理由だった。つまりは第Ⅲ章で述べたように、植民地の人間に教育は必要ない、実業を学べば十分との思想が背景にあった。

その後、土地調査事業終了の翌年である一九一九年に起こった「三・一独立運動」を受ける形で、日本政府は形式的に内地と植民地の教育制度の年限を同じにした。しかし小学校、普通学校という民族別の学校教育体系と、金額の異なる授業料徴収体系を設け、内地人には義務教育制の準用といえる優遇策をとる一方、植民地の人々の就学を日本人に比べて著しく困難にした。そこに地主から自作農、自小作農、小作農にいたる朝鮮人の間での経済力格差、さらには、朝鮮総督府が押し付ける良妻賢母的な女性像や、朝鮮社会の儒教的価値観が強烈に作用し、特に女性の就学率が低くなる結果をもたらしたという。(6)

ましてや苦しい生活の中から金銭を捻出し、仮に子どもに初等、中等教育を授けたとしても、当時、朝鮮人たちにその後の展望はほとんどなかったのである。

ほどなく九州から京都に戻り、そこで敗戦を迎えた。鄭さんは既に結婚していた。「ほんまにみじめやったで。わかる？　うどん玉でも配給に並ばないかんねん。目の前まで来た思うたら、終わってもうたりした」と、当時を振り返った。夫と大阪の高槻に移り、暮らした。やがて鄭さんの父母や弟二人は北朝鮮に「帰国」した。「私は帰らんかった。夫が、『こっちで仕事するいうたから』」。

今では鄭さんの実の父母はもちろん、二人の弟も鬼籍に入っている。現在も春先になると弟の妻から電話があるという。「『何でもええ、五月に入ったら少しでもええから送って』って、もう電話、出とうないで。電話もこっちが料金、払わないかんねんから。こっちかって福祉（生活保護の意味）の世話になっとんのに。金も何も出せるわけないやんか。手紙も来るけど、開《あ》けへんねん」。鄭さんは顔を曇らせた。

鄭さんも結婚後、朝鮮に戻ろうとしたことがあった。「戦争中やった。あんまり仕事がないから『もう帰ろう』って。荷物をまとめて、夫と京都駅に向かったんや」。だが結局、帰らなかった。「いやな、主人の父と主人が（京都駅）手前の梅小路で喧嘩してな。理由？　理由は覚えてない。それくらいに些細なことやったわ。それで夫が『もうワシは行かん』って怒ってもうてな。それで荷物もあるし、父は自分だけでは心許なかったんやろうな、駄目になった。戦争終わった後も夫の親族は結局、誰も北朝鮮にも帰らんかったな。私は二人が喧嘩したおかげで今も日本や。でも、こんなこと書くの？　書いてもしゃあないやろ、あかんでほんまにセンセ、やめてや」。鄭さんは笑った。

夫の親戚を頼って京都市南区に居を構え、くず鉄屋を始めた。後ろにカゴを結わえた自転車やリヤカーで京都市内全域を走り回り、買ったり拾ったりした鉄くずを問屋に売った。それだけでは食べられず、ぼろ布を集めた業者からトン単位で買い取り、使えそうなものをより分けて別の業者に卸した。いわゆる「ボロ屋」である。「汚れ仕事もいっぱいしたで、そうせんと、食べられへんかってんから」。浮き沈みの激しい仕事だったが、当時、鄭さんが就けた業種はそれくらいしかなかった。そのうえ鄭さんの家には、夫と六人の子ども、さらには行き場を失った夫の父、兄弟までもが転がり込んできた。

自分の手で、金を稼げる人はまだよかった。就労意欲はあるのに、朝鮮人であるがゆえに仕事に就くことができない男たち。喰えないだけでなく、社会の中で培われた男としての「在り様」を日々、傷つけられ、男たちは、酒を呑むと頻繁に暴れたという。当時の貧しさの中、長男は肺炎で亡くなった。高熱にうなり続ける一歳半の子どもを抱えて病院を回り、最後は祈祷師まで呼んだという。目の前で死んでいった長男に話が及ぶと、鄭さんの声が震えた。

以前、下戸とは程遠い私と一緒に、近くのお好み焼き屋で食事をしたことがある。グラスの中身が少しでも減ると、その端からビールを注いでくれるのに、鄭さん自身は口を付けようとはしなかった。

「呑もうと思うたら呑めるねんで、缶一本くらいはな。でももう懲りたわ。ウチはもう男の人ら見てきたから、酒はイヤやねん」。

収入は不安定だった。先の見えない生活が続いた。そんな暮らしの中でも鄭さんは子どもを「朝鮮人」として教育することにはこだわった。長女と次女は「国語講習所」に通わせた。植民地支配で奪われた言葉や名前、文化を取り戻すため、在日朝鮮人たちが作った学びの場、後の朝鮮学校である。「日本語の読み書きもあるけど、やっぱり朝鮮人やから、うちらの言葉の勉強せんとな。朝鮮人やから朝鮮語をと思うた」と話す。そしてやや脈絡なく、でも彼女は当然の話の流れのように、続けた。

「やっぱり根は朝鮮人やから。私も今は日本人の友達もおるけど、全部は話されへん。最後はやっぱり同胞やわ。日本人かてそうちゃう？　根本的には朝鮮人のことは信用できひんと思うで」。民族教育の話題から唐突に出てきた話だった。

京都では一九四五年九月段階で府内二八カ所に国語講習所が開設されていた。翌年には現在の京都市南区東九条の公立学校を間借りする形で「京都七条朝聯国民学院」がスタートする。当時、生徒数二七三人、教員は五人いたという。一九四七年には校名を「京都第一朝聯初等学校」に変更、翌年三月二六日には第一回、二八人の卒業生を送り出していた。しかし、翌月から始まる朝鮮学校弾圧〈第Ⅱ章を参照〉の動きは京都にも及んできた。

一九四九年九月三〇日、京都市教育委員会の役人と武装した警察官が動員され、京都市内の朝鮮学校は閉鎖された。当時、京都府内では許可校九校、無許可校三校があり、約一三〇〇人の朝鮮人の子どもたちが学んでいたが、いずれも閉鎖させられ、その後はアパートなどを転々としながらの授業が続いていたという。

「勉強してると警察が来てやめさせられる。それで場所を変えて隠れて他のところでやるんや。そして暫くしたら、そこにも警察官が来て『やめなさい』ってな。それの繰り返しやった」。鄭さんは当時の記憶を手繰った。

今も続く民族教育への抑圧政策の原点である。解放された旧植民地出身者がその歴史を継承する行為を、冷戦を背景にして徹底的に弾圧する。戦後六〇年経っても本質を変えない政策の「一貫性」は、根底に何かしらの憎悪があることを想定せずには説明不能なまでに執拗だ。

この敵視政策は、外国人教育機関全般に網を掛ける形で日本の政策を規定してきた。あくまで「学校」とは認めず、進学上で大きな制約を設ける。私学助成金も出さず、授業料と寄付に運営を頼らざるを得ない経営体質にする。その寄付にも、私立学校ならなされるはずの減免措置はとられず、損金扱いはさせない……。

外国人学校全体に網をかける形での差別政策は、朝鮮学校封じ込めとの整合性で続いてきたが、一九九〇年代になって変化していく。日本政府が主体的に是正を試みたのではない。背景には米国の外圧があった。欧米系インターナショナル・スクールには、日本で生活する欧米出身のビジネスマンの子息も通う。そのため欧米系インターナショナル・スクールの進学や税制面での差別措置を改善せよという圧力が米国からあり、政府は処遇改善に乗り出したのである。いわゆる「インドシナ難民」を積極的に受け入れようとしない対応を欧米から批判されたことで、社会保障の国籍条項撤廃を決断したことを彷彿とさせる。要するにこの国の政府は欧米からの目線なくしては何も変えようとはしないということだ。

そして、文部科学省は二〇〇三年三月六日、国内の外国人学校のうち欧米系のインターナショナル・スクールに限り大学受験資格を認めるとの方針を表明する。だが、アジア系民族学校を排除した露骨過ぎる差別措置に全国的な批判が高まり、この方針は一カ月も経たず凍結され、その後は結果的に、朝鮮学校は個人単位で、それ以外の多くの外国人学校については学校単位で、受験資格が認められることになった。

欧米系インターナショナル・スクールの処遇改善の煽りを受ける形で、他の外国人学校の処遇も少しばかり「学校」に近づいたが、それは結果的に、各種学校として認可されている日本各地の外国人学校の間に新たなヒエラルキーを持ち込むものだった。頂点に立つインターナショナル・スクールは大学進学の受験資格は学校単位、すなわち卒業生であれば誰でも認められ、税制でも「私立学校」同様に、損金扱いなどの優遇措置を受ける。そしてそのワンランク下に位置する中華学校や韓国学校、本国から承認を受けたブラジル人学校は、大学入学資格に関してはインターナショナル・スクールと同じく「学校単位」で認められる一方で、税制上の優遇措置は適用されない。最後に残った朝鮮学校は、大学への受験資格は学校単位でなく個人単位での認定で、税制上も優遇されない。結局のところ、朝鮮学校潰し、という日本の外国人学校政策の原点をより踏まえた、朝鮮学校を最底辺とした序列があらたにできたのである。

　前述の水野直樹さんによれば、朝鮮人が自主的に設立した教育機関に対する閉鎖命令などの弾圧は、朝鮮人の定住が進み、後の民族学校の原型ともいえる寺子屋が増えてきた一九三〇年代ごろから始まっている。当時から、日本人との同化を図る上での障壁とみなされていたという。今日まで連綿と続く、他者を育む教育への弾圧の数々。その底には何が流れているのだろうか。近年、新たな要因として聞こえてくるのは、「拉致事件」を閉じられた「国民の悲劇」と規定して、自らが近現代史において犯した犯罪を覆い隠し、それどころか逆に自らを被害者として正当化した上で語られる「対北朝鮮感情」である。そもそも分けて考えるべき政治上の問題を子どもたちの処遇に直結させる程度の低さ。そして「北朝鮮感情」を言う以前に、今の敵対状況を続けているのはどちらの責任なのだろうか。

　そして朝鮮学校を対象にして構築されてきた外国人学校抑圧政策を合わせ鏡として見えてくるのは、戦後六〇年を経ても変わらない公教育における「皇民化教育」の実態である。その歪みが端的に表れている一つは、いわゆる「日系人」労働者の子どもたちの処遇である。バブル経済による労働力不足に悲鳴を上げる経済界からの要請を受け、日本政府は一九九〇年代、これまで頑なに拒み続けてきた単純労働力の受け容れに踏み切った。そこで設けたのは「日系人」

という条件だった。「血」を基準にした「労働力輸入」である。この「日系人労働者」への職種制限なしの定住ビザの発給の結果、ここ数年、複数の自治体では、旧植民地出身者を上回る数のブラジル人やペルー人が暮らすまでになっている。そこで問題になるのは、子どもの教育である。

私は一九九〇年代後半、香川県の冷凍食品メーカー「加ト吉」が行っていた、日系ブラジル人労働者の「労務管理」を記事にしたことがある。他国で長期間暮らすとなれば、自分の子どもを連れてくるのは自然の成り行きである。この会社は、ブラジル人の労働者たちが子どもを地元の学校に通わせることを嫌った。ポルトガル語が出来る教員も用意されていない地元の学校に通えば、さまざまな局面でトラブルが起き、親が呼び出されるなどの事態を招き、ライン作業のローテーションに差し障りが出ると考えたためだ。そこで会社は隣町に借り上げた民家の庭にプレハブを立て、朝から夕方まで子どもたちをその中に囲い込んでいたのだった。『学校に通う権利』を侵害される子ども』。新聞的に言えば、いわゆる「見出しの立つ話」、つまりセンセーショナルな話題である。私は取材を進め、記事化した。だが、その一方で、労務管理の責任者だった男性の言葉が耳に残ったのも事実だ。「日本の学校はブラジル人がブラジル人であることを保障できない。だから学校に行くのは本人のためにならないし、学校側にも迷惑をかける」。

日本の教育が「ブラジル人がブラジル人であることを保障できない」という認識は私も賛同

する。だからこそ、「ブラジル人がブラジル人であること」を制度的に認めない公教育の現場が怠慢であるとの認識に立って、公教育の現場にポルトガル語が出来る教員の配置や、第一言語の保障を求めるといった発想になればよかったのだが、彼の場合は、語学の出来る人材の確保や、抜き出し授業の実施など、「仕事を増やしたくない」が本音の地元教育委員会との合作として、プレハブに子どもを囲い込む結論を導き出していたのが問題だった。

一方、実際に公立学校に通ったとしても、言葉から生活慣習まで「日本人」を前提にした日本の教育内容に戸惑う子どもは多い。この問題から派生して、当時私は、隣町の中学校に話を聞きに行った。そこには造船所で働く「日系ペルー人」の子どもが通っていて、放課後にはペルー人の子どもだけの補習をしていた。その際、補習授業を担当していた女性教員が私につぶやいた言葉と、困惑した表情は今も印象深い。「今の教育施策の中では、教員が一生懸命やればやるほど、子どもたちを日本人に近づけることになってしまうんです」。実際、文部科学省の方針は「適応指導」である。その結果、異なる文化、言語的背景を持つ子どもたちの属性を抑圧し、まさに「同化か排除」を強いる場面が出てきてしまう。生活慣習に至るまで要求される「日本人化」に苦しみ、義務教育を中退する子どもが少なからずいる。

ちなみに、日本の学校は外国籍者の就学は「義務」ではなく「許可」となっている。つまり、政府や自治体に、他者が他者でいられる現場を作るような「義務」はない。それでもよければ入学を「許可」してやる、との発想である。これは、一九五三年、旧植民地出身者から国籍を剥奪した翌年に次官通達として出された日本政府の見解である。

幼少期に来日し、学校に通うことを断念し、教育を受ける機会を逸し、結果として「文盲」となる。受け入れ開始から十数年が経った現在、渡日第一世代の人々に連れられてきた子どもたちは、すでに成人に達している。滋賀県草津市を拠点にして、公教育の場をドロップアウトしてしまった子どもたちを中心に、ブラジル人、ペルー人の子どもたちの学習支援などの活動をしている「子どもクラブたんぽポ」のメンバーで、フリーライターの仲晃生さんの話では、ポルトガル語も日本語も読み書きできないままに成人したブラジル人が、途方にくれて「たんぽポ」を訪問してきたこともあったという。

そして日本の学校に「適用」できる子どもの中には逆に、「日本人化」が進み、家庭で肉親とのコミュニケーションを取れなくなる例もある。こんな話も聞いた。ある子どもは、日本語が堪能になるにつれて、ポルトガル語しか話せない親を疎ましがり、馬鹿にするようになった。そして、友達を家に招く際には、親に向かって、人差し指を口の前に立て、「話すな！」とのジェスチャーをしたという。この社会で生きていくため、「自分が消し去るべき」と思い込むものを親や同郷の子どもたちの姿に見いだす。そんな子どものエピソードをいくつも聞きながら、私は、在日二世の人たちからしばしば聞いた、親の朝鮮訛りへの嫌悪感が重なり、慄然とした記憶がある。日本政府は、たとえ南米の「日系人」たちを「労働力」として輸入したとしても、同じ社会で一緒に暮らすことは想定しない。これまで述べたような「日系人」第一世代の子どもたちは、こんな歪つな発想が生み出した犠牲者たちである。その反省もなく、政界や財界からは、少子高齢化に向けた方策として、介護労働者としてフィリピン人らを中心とした外国籍者を「輸入」するプランまでもが「国際化」として語られ始めている。(7)――

日本に限ったことではないが、教育とは文字や計算など、生きていくために必要な知識を教えると同時に、その社会の生活慣習や為政者にとって都合よい価値観を子どもに刷り込んでいく支配の手段としての側面をあわせ持っている。文部科学省が作成した道徳教材「心のノート」作成の中心人物である河合隼雄氏が座長を務めていた内閣総理大臣の私的諮問機関『「二一世紀日本の構想」懇話会』は、二〇〇〇年一月一八日に出したその最終答申の中で教育についてこう定義している。「国家にとって教育とは一つの統治行為だということである。国民を統合し、その利害を調停し、社会の安寧を維持する義務のある国家は、まさにそのことのゆえに国民に対して一定限度の共通の知識、あるいは認識能力を持つことを要求する権利を持つ」。そして、「義務教育はサービスではなく、納税と同じ若き国民の義務である」と主張している。公教育の場には、今後ますます、異なる言語、文化を背景とする子どもが増えることは確実だ。しかしそこでは今や、他者不在の「愛国心」が評価項目として、子どもの「通信簿」にまで堂々と登場している。(8)

鄭在任さんの人生に話を戻そう。度重なる弾圧の結果、京都市南区の京都朝鮮第一初級学校が現在地に落ち着いたのは一九六〇年のこと、閉鎖命令から一〇年以上経ってからだ。(9) それでも鄭在任さんは、子ども全員に民族教育を受ける機会を与えた。そして子育てが一段落した後、鄭さんは夜間中学に通っていたことを、私は人づてに聞いていた。この話題を向けると、早い口調で一気にまくし立てた。

「七〇歳の手前、六〇の終わりごろやったわ。いつも家でボロ屋やってるやろ。息子夫婦も次男もおるし、孫も舅も一緒に住んでる」。

——何人くらいです？

「七、八人やで。全員の世話せないかん。教科書なんかどこに広げるのよ。昼は仕事、晩になると学校やけど、教科書なんかどこに広げる。カッコ悪いやんか」。

——家では勉強せんかったんですか？

「そやから、教科書とか見えへんとこに、そおっと隠しといてな、食事が終わったらバスに乗って行ってってた」

——楽しかったですか？

「うん。楽しかったよ。一時間か二時間、『はっは』と笑う。九時までな。笑いに行っとった。仕事ひと段落ついたら行くねんけど、宿題する時間もなかったから。プリントはいっぱいもらってためてたけど、家も火事になって燃えてもうたわ」。

——ホンマに無くなったんですか？

「いやっ、ほんまやって（笑）。みんな、なくなってもうたで」。

――夜間中学に通った理由は？

「近所や。近所の人がみんな行くいうてな。結構、ようけ行ってたで。ほとんどの人がやめたけど。私は最後まで行ったよ。中には授業でやったことをよう覚える人もおってな。最初は楽しかった。もう亡くなったけど、若林先生いう人おってな。教えるの上手かったわ」。

――何人くらいいたんですか？

「一から三組まであって、二〇人くらいいたかな。三年と四年で卒業の時期があったけど、私は四年で卒業してん。もうみんな忘れた。何にもしらんやろ。字も書けへんもん」。

鄭在任さんが利用するデイサービスセンターでは、二〇〇三年から自分の家に、自分宛てに年賀状を出す取り組みをしている。在日高齢者たちの識字率の低さを意識した行事だ。鄭さん宅への訪問に同行してくれた訴訟事務局の鄭明愛さんがその話題を振ると、鄭さんは顔をさっと赤らめて目線を逸らした。

「踊ってるやろ。私の字。ひらがなで自分に年賀状だすねん。息子の家に宛てて出すねんけど、郵便受けの前で待っててな、ようけある年賀状の中から自分の書いたやつを探し出して放ってまうねん。もう放ってもうたわ」。

鄭明愛さんが聞く。「オモニ、ほんまに棄てたの？」。

鄭さんは顔をそむけ、両手を目の前でヒラヒラさせながら言う。「棄てた、棄てた」。私が引き受ける。「ホンマに？」

「棄てたって（笑）。ほんまにセンセ、こんなこと書いたらあかんで、ほんま。こんなしょうもないこと。恥ずかしいやんか。やめてや」。狼狽すると、私のことを「センセ」と呼ぶのが鄭さんの口癖だった。

それまでは戦争中のこと以外、大半の話題で鄭さんは、コタツから上半身を出し、首だけを動かして応答していたが、夜間中学に通ってた当時の話になると、両手を使ってジェスチャーを繰り返した。教室での様子を具体的に聞くと、机の上に身を乗り出して、指先で机の上に何度も字を書いてみせた。夜間中学時代は、小中学校から要請されて人権学習の講師も務め、府内の学校を回り、児童、生徒に自身の歴史を話したという。

卒業証書を見せて欲しいと頼むと、一瞬、恥ずかしそうな表情をしてから嬉しそうに顔をほころばせ、押入れを空けた。アルバムには「平成2年度3学年2組20番」と書かれた通知表があり、節目ごとの学校行事の写真が貼り付けてあった。黒板の前、生徒とほぼ同じ人数の教師が並ぶなかで、鄭さんが、少し緊張したような、凛とした表情を浮かべていた。入学式の記念写真だ。夜間中の遠足で、ちょんまげ姿の人たちと一緒に満面の笑みを浮かべる生徒たち。そしてきっちりと髪をセットした「九〇年度卒業式」でのスナップ。さらには四回行ったという北朝鮮での記念写真の数々が、丁寧に貼り付けてあった。私は鄭さんに何度も会っているが、こんな楽しそうな表情の鄭さんを見たのは初めてだった。

夜間中学に通い出したのは、鉄回収の仕事を辞め、長男が事業を始めた頃と重なっている。その後は、長男と同居していたが、その会社が倒産した。鄭さんは狭心症の持病を抱えている。治療費もかさむ。結局、生活保護を受給することを決めた。

「息子が慌ててな。役所にいって、『食事代は自分で何とかするから、医療費だけ出して欲しい。それで家族一緒に暮らしたい』って言ったらしいわ。でもそんなことアカンのは、私はよう知ってる。周りみてもそんな人おらんもん」。

住宅は自分で探した。公営住宅なので手続きが面倒だったが、息子がしてくれた。「『何とか福祉の世話にならんように頑張ってきたのに』って息子は泣いてたわ。仲のいい家族やったから……」。

戦後約四〇年間、暮らしていた場所は地下鉄工事に伴い、京都市から立ち退かされた。一緒に暮らしていた長男の家は四年前に出た。その後は府営住宅での一人暮らしだ。今では週二、三回、デイサービスに通う。六人の子どものうち、近くに住む何人かはひんぱんに様子を見に来てくれる。時おり、体調を崩したりすると、子どもたちは長男と再び一緒に生活するように促すけれど、鄭さんはこのままがいいと言う。

「福祉もな。最初は病院で券出すの、なんか恥ずかしかったけど、もう慣れた。今が一番楽しいわ。ふとさびしいなと思うて、何でこうなってんやろ、って涙が出ることもあるけどな。でもこれまで苦労の連続やったやろ。それ思うたら、今は気楽でえぇねん。デイサービス行ってな、ご飯食べて、行きたかったら友だちの家にも行ける。長男の家に行ったら、いろいろ手伝わないかんやん。さびしいけどしょうがないわ。長男に言うたら怒られるかもしれんけど、娘には言うねん。『もうちょっと、このままにさせて。今がえぇねん』って。そしたら娘は黙ってまうねん」。

提訴の日、原告たちが京都地方裁判所に入るシーンがニュースに流され、テレビを観た在日の友人から「金当たると思うてんのか。なに考えてるんや」と非難された。話はまた、そこに戻った。よほど辛かったのだろう。

「何でそこまで言われなあかんのや。金なんか出ると思てないよ。『利用されてるんやないか』とか、うちのこと心配してくれてるのかもしれんけど、そこまで言うことないやんか。『身体、大丈夫か？　頑張りや』でえぇやんか。そやろ？」。鄭さんは紅潮した顔で、次第に声を震わせながら、堰を切ったように話した。そして言った。

「金やないねん。生活に精一杯で、年金のことを考える余裕はなかった。でもこうやって、頑張ってる人たちに連なって、少しでも運動の力になりたいねん」。

（1）一九九六年一二月二八日付「愛媛新聞」朝刊。
（2）事件と裁判については、深見史『通訳の必要はありません——道後・タイ人女性殺人事件裁判の記録』（創風社出版、一九九九年）。中村一成「『日本語』を強制する裁判所——道後事件を取材して」

『ヒューマンライツ』（部落解放研究所、一九九八年六月）。

（3）他に、六年間かけて大阪府内の在日高齢者の社会階層や福祉サービス利用状況を調べた調査結果が書籍になっている。庄谷怜子、中山徹『高齢在日韓国・朝鮮人』（御茶の水書房、一九九七年）。

（4）民団大阪・生野西支部の担当エリア内で暮らす七〇歳以上の団員家庭全世帯を対象に、一世帯一人を原則に実施した。二〇〇三年九月に五六〇件の調査票を郵送。家庭訪問なども行い、有効回答は三〇〇件だった。同一の世帯に複数の調査対象者がいる場合、全体の男女比を踏まえつつ、どちらか一方を選んだ。他には、各人の暮らし向きや福祉サービスの利用状況、社会参加などを聞いている。大阪府立大学教員の中山徹さんが分析を担当した。主収入を「自身の公的年金」と答えたのは全体の二七・一％、「子どもの経済援助」が四三％、「自分で働いて得た収入」が一八・五％もいた。全体の七割以上が無年金とみられ、生活保護受給者は一四％。全体の四三・四％は独居で、うち八割以上が生活保護水準を下回っていると考えられるという。

（5）姜在彦『朝鮮近現代史』（平凡社、一九九八年）

（6）金富子「植民地期朝鮮における普通学校『不就学』とジェンダー――民族・階級との関連を中心に」『歴史学研究』764号、（二〇〇二年七月）。

（7）日本経団連「外国人受け入れ問題に関する提言」（二〇〇四年四月一四日）や、日本商工会議所「少子高齢化、経済グローバル化時代における外国人労働者の受け入れのあり方について」（二〇〇三年九月一七日）など経済団体によるものが多い。内容は、少子高齢化の進展を受け、日本社会のためには外国人の「移入」を認めることはやむをえないとの前提に立ち、どうすれば外国人を「活用」できるのか、という発想が目立っている。この二団体については、外国人移入の前提として、治安対策や、管理徹底の必要性にまで言及している。

一方、外国籍者を権利の享有主体として考える動きとしては、日弁連人権擁護委員会の部会が作成した「外国人・民族的少数者の人権基本法」がある。二〇〇四年一〇月、宮崎市で開かれた第四七回人権擁護大会シンポジウムの第一分科会で要綱試案が公表され、翌日の全体会では同分科会実行委が、基本法の制定を求める決議を提案、採択されている。

（8）二〇〇二年一〇月には、文科省が作成した道徳教育の教材「心のノート」を使った京都初の公開授業が、京都市南区東九条で開かれた。中学生版では、他者不在の「国を愛する心」が臆面もなく是とされているこの教材を使った公開授業が、よりによって日本の植民地主義が生み出し、今も非・国民として同化か排除かの選択を迫られ続けている在日朝鮮人が府内でもっとも多く住む地域で開催されたのである。公開授業のあとには作成の中心人物の一人が講演し、「愛国心を持つのは人間として当然のこと」などと繰り返した。国家から押し付けてくる「道徳」の内実を示しているように思える。

（9）学校法人京都朝鮮学園『Q&A　在日朝鮮人の民族教育を考える　朝鮮学校の処遇改善を求めて』（一九九七年）

Ⅴ章 統一したら帰ろうと思っていたら今になってもうた
高五生さん

在日朝鮮人一世の女性に話を聞いていると、主たる生計を彼女自身が立てていた家庭に出くわすことが少なからずある。鄭在任さんと同じ年の一九二一年に生を受け、同じ東九条で暮らしている高五生《コオセン》さんもその一人だ。ふくよかな顔で笑みを絶やさず、時にははにかむような表情を浮かべながら話してくれる。解放後、一緒に東九条に移った夫は、同胞社会では有名な活動家だった。一応の生活が成り立つようになると、夫は祖国統一と子どもの教育運動に没頭するようになったという。

「男性は活動ばっかりですね？」。

私がそう訊ねると高さんは、「あ〜」と声を出しながら身体を反らし、少しの間、考え込んでから、まっすぐ向き直して語った。

「でも結局、長い目で見たら、同胞のため、祖国のためやったから……」。そして、いたずらっぽい目をして続けた。「でもな、こっち（私）はいつ統一できんのかと思うても、いつまで経ってもできひんねん」。笑みがこぼれた。

現実の暮らしを女性に押しつけ、理想を語る男性たち。社会で血肉化された儒教文化がそれを可能ならしめているのだろうか。被差別者として、日本社会からは排除され続ける現実を前に、男性たちは政治運動の中に自己実現を求めたのかもしれない。一方で、国際政治の力学で離散を強いられ苦労を重ね続けている人々にとって、統一祖国の実現は、延々と続く苦難を脱するためには不可欠な要素だったのは間違いない。

膨らんでは萎む「祖国」実現への期待、その夢を追いかけていた夫を語る時、高さんの顔には呆れと同時に、何かしら頼もしい存在を思い出しているような表情が浮かぶ。儒教文化を内面化しているといった「説明」だけでは語れない、当時の充実感を感じさせた。政治活動に没頭し、活動仲間たちを家に呼んでは大盤振る舞いする夫を自分の甲斐性で支えることは、儒教文化の女性抑圧的側面をたしかに併せ持つにしても、高さんにとっては同時に、祖国統一のための政治活動であり、生きるための支えであったのかもしれない。

一五歳年上だった夫は、三〇年ほど前、肺癌で死んだ。高さんは八〇歳を超えた今も、自転車に乗って京都市南区東九条の路地を走り、河原町通り沿いにある朝鮮総連の南支部に出向き、職員の食事を作り、掃除をしたりする。もちろん、無給である。

「昔からの日課やから来《く》んねん。自転車にも乗らんと、乗れんようになるかもしれん。どこも頼るとこないから、しゃんとせんとしゃあないもんな」と鄭さんは笑う。

故郷は済州島。金大中政権後、急速に進んだ南北の緊張緩和の流れを受けて、総連の活動家である高さんが故郷に帰れたのは二〇〇三年だった。日本の植民地支配と冷戦構造が生んだ朝鮮の南北分断は、人が故郷に帰ることすらも長らく妨げ続けてきたのだった。

「みんな変わってた。山もなくなってたんやで。山のなかでみかん畑があったけどそれもない。昔の家もない。もう何にもなくなってたわ」。

高さんは、小作農の娘として六人きょうだいの長女として生まれた。

はにかみながら、じっくりと話す高さん。「落ち着いた思たら立ち退き、その繰り返し」。

「済州島では米はできひん。麦とか作っとった。土地を人に貸してる人ばっかりやったわ」。

高さんが物心のつくころには、家族の生活苦から父は炭鉱の募集に応じて渡日し、九州の炭鉱で働いていた。小作農では生活が立ち行かなくなり、高さんも一三歳の時、妹と二人で内地に渡った。身を寄せた父の労働は過酷そのものだった。「徴用じゃなかったけど、タコ部屋ですわ。まるで奴隷やった」

という。安全管理もまともになされず、工夫への暴行は日常だった。三人は炭鉱で火事が起こったのをこれ幸いに、そこから逃げ出したという。向かったのは大阪、父の弟を頼ったのだった。その後、済州島に残っていた家族も弟を連れ渡航してきた。

一七歳で結婚した。相手は父が炭鉱で気に入った男性だった。選択の余地はなかったという。一五歳年上で連れ子がいた。「結婚式もせんかったんやで」。当時の不満を思い出したのだろうか、声が多少裏返る。

親子三人、仕事を転々としながら京都に辿りついた。「最初は西陣。大阪でくず鉄屋してたからそれやったら出来るわと思うたけど、他の人との兼ね合いもあるし、いきなり京都に来て、ハイって感じでくず屋はできひんねん。それで紙屋をやったんや」。

つてはなかったが、交渉上手の夫がかけあった。リヤカーで市内をまわり、菓子箱や古紙を集めて紙箱を作った。傘の骨に布を張る仕事もした。高さんが家で内職をして、夫が外回りで営業をする二人三脚だった。

戦況が悪化するなか、「大阪でやっていたくず鉄屋をしようと思い」、同胞が多く住んでいた東九条に移り住んだ。二、三年経って、砥石屋に職を得た。旋盤やフライス盤の刃（バイト）を作る仕事だった。現在の東山区には、当時たくさん、刃を焼く工場があったという。アジア太平洋戦争が始まっており、高さんの父母や何人かのきょうだいは、既に故郷の済州島に帰っていた。

砥石屋を腰掛に、首尾よくくず鉄屋の仕事を得た矢先、天皇はポツダム宣言の受諾をラジオで告げた。条項の中には、日本は海外領土をすべて放棄し、「朝鮮を自由独立のものとする」との内容が含まれていた。「解放」だった。

「バンザイって感じやった。夫はすぐに布団とか全部、(故郷に)送ってたクチや。あのころはもう、みんな、『帰ろう、帰ろう』って、そんな感じやった。もうすぐにでも帰れると思ったわ。みんな、『わー』って言って」。

当時、日本には推計で二一〇万人あまりの在日朝鮮人がいたとされる。一九四六年三月、GHQに命じられて、日本政府が行った朝鮮人の登録によれば、当時の人数はおよそ六四万七〇〇〇人に減少していた。約七カ月の間に、実に推計一四五万人を超える人が朝鮮に帰ったことになる。

日本各地で丹念な聴き取り作業を行い、朝鮮人強制連行の実態調査に取り組んできたノンフィクション作家、金《キム》賛汀《チャンジョン》さんによると、皮肉なことに、この帰国ラッシュを裏で支えていたのは、軍部や大企業だった。連合国から強制連行、強制労働の責任を追及されることへの不安や、抑圧の反動としての暴動を恐れ、歴史の証人を早急に大陸へと追い返そうとしたのだという。一方で、資本規模や移送ルートに弱い中小の炭鉱や土木建設では、帰国の手配が出来ず、痺れを切らした強制労働の被害者たちは、日本海(東海)側の町に向かい、そのままそこに留まったり、地元漁民から借りた船で出航し、難破した例もあったという。

高五生さんたちのように、すでに定住していた人たちの間にも、日本で抑圧され続けてきた歴史から、新国家建設への希望を抱く人は多かったようだ。しかし、植民地化によって一つの生活圏となった大陸から日本に渡り、すでに日本に定住していた高さんらにとって、もはや故郷での生活基盤は失われていた。しかも解放直後からソ連と米国による分割統治が始まり、朝鮮には三八度線が引かれていた。現実問題としての帰国は、「解放」の喜びの勢いに任せて踏み切れるものではなかったのだろう。

一方で、高さんの親族にも解放後、帰国した人はいる。大阪に住んでいた高さんの夫の母である。

「『帰る』って言い出したから、『もう少し様子をみなあかん』と、夫が止めに行ったんですわ。そしたら母親は『分かった、帰らへんから』って言って、夫を北海道に買出しにやって、その間に夫の兄に連れてもろうて帰ってしもうた。そのまま朝鮮におったらよかったのに、夫の兄は母親を送り届けた後、日本に戻ってこようとして船、止められて、大村収容所に入れられてもうて。夫は返してもらおうと何回も大村に行ってたわ」と高さんは振り返る。

戦後、東西対立の激化とともに、GHQは日本政府に命じて、在日朝鮮人の渡航管理に乗り出す。その内実は、出て行った者たちが再度、「入国」することを厳しく取り締まるものだった。植民地支配という暴力によって三五年以上、形式上はひとつの領土だった朝鮮と日本との往復を片道切符にし、資産や荷物の持ち出し制限までを設けた。やっと戻った故郷にもはや生活基盤はない。故郷の政情は悪化の一途を辿り、南北一二六万人に及ぶ朝鮮人が命を落とした朝鮮戦争へと向かっていく。生きんがために日本に向かい、運悪くつかまった人たちは、「密入国者」として収容所に入れられた。それが朝鮮戦争勃発の年に開設された長崎県の入管施設、大村収容所だった。在日二世の小説家、梁石日《ヤンソギル》さんの代表作で、映画化もされた『夜を賭けて』（NHK出版、一九九四年刊）では、主人公の一人、金義夫が共産党員だったことで収容され、激しい拷問を受ける場所として登場している。多くの在日朝鮮人や朝鮮からやってきた難民を収容し、社会主義者が多かったとされる在日朝鮮人を、徹底した反共政策をとっていた軍事独裁政権下の韓国に強制送還していたこの施設は、在日社会では「日本のアウシュビッツ」とまで呼ばれて、恐れられていた。現在は大村入国管理センターと名前を変えて運営されている。

高さんは、「統一した国ができたら帰ろうと思ってたら今になってもうた」と笑う。別の日には、こんなことも言っていた。「帰る言うても、船の番も回ってけぇへんしな。あとで、途中で船が沈んだ話とか聞いたりしたし、『様子みてよかった』とも思ったわ。『四・三』もあったしな」。

高さんの言う「船が沈んだ話」とは「浮島丸事件」のことだ。解放後九日目となる一九四五年八月二四日午後五時すぎ頃、京都府舞鶴市で、海軍特設輸送艦浮島丸（四七三〇トン）が突如爆発、沈没し、乗っていた朝鮮人男女、乗組員の計五四九人（政府発表）が死亡した。これも、軍部が連合国からの処罰を恐れ、被徴用者の帰国を急がせる中で起こった惨劇である。船には青森県に徴用されていた朝鮮人労働者とその家族ら計三七三五人が乗っていた。帰国のために浮島丸に乗りこみ、八月二二日、青森県大湊港を出港した。しかし、前日、GHQによる航行禁止命令を受けた大本営海軍部の命令で、そのまま当初の目的地、釜山に行くことはできなくなった浮島丸は進路を変えて舞鶴に寄港し、この惨劇が起こった。駆け込みで定員を遥かに上回る人数が乗っていたとの証言もあり、死者も実は数千人いたとの説まである。機雷に接触した、というのが日本政府の説明ではある。しかしその一方で、そもそも軍部には船を出して朝鮮人を返すような手間を取る気はなく、自作自演で当局が爆破した、こんな説もいまだに根強い。

さまざまな見立てを生む一つの原因は、日本政府が事件を公表しなかったことにある。最初の発表は事件から四六日目のことだった。日本の朝鮮人には、生き残った人たちからの伝聞として事件が伝わり、当時の朝鮮聯盟が日本政府に真相の調査と補償を求めている。高さんが事件を知ったのも、朝鮮人社会の中での情報網を通じてだった。この年の九月一七日には、援護庁第二復員局（現在は厚生労働省の一部）が事件の生存者約三〇〇〇人を舞鶴から下関まで列車で運び、釜山に送る計画を立てた。が、帰国の意を翻す者が続出した。実際に列車に乗ったのは約一〇〇〇人だったという。事件が帰国を急ぐ朝鮮人たちにどれほどのショックを与えたかを示す数字である。事件から六〇年が経つが、未だ真相は闇の中だ。

一九九二年八月には在韓の生存者や遺族らが日本政府に公式謝罪と補償を求めて裁判を起こした。二〇〇一年八月、京都地裁は訴えの一部を認め、日本政府に慰謝料の支払いを命じた。判決は「一部勝訴」とも報じられた。しかし、その内容は、国と被害者たちの間には、「旅客運送契約に類似した法律関係が成立」しており、「徴用によって日本に連れて来ていた原告を安全に送り届けることは条理上、被告（国）に要請されていた」というものだった。

「安全配慮義務違反」。それは、植民地支配という、国が行った、そして敗戦後六〇年経っても贖われることのない歴史的不正をうっちゃり、奇策でひねりだした「一部勝訴」だった。判決は、植民地支配と人的・物的収奪に対する日本政府の道義的責任は認めず、犠牲者や遺族に対する謝罪も命じなかった。原告が納得するはずもなかった。判決後、裁判所近くの京都弁護士会館で記者会見が開かれた。会見場は、真夏の暑さと、予想外の判決で泡を食っていた六、七〇人の記者やカメラマンで異様な熱気にあふれていた。当時の写真を見ると、並んだ長机に上体をせり出すように座っている記者たちと、椅子に座れず、机と壁の間の通路に溢れかえり、前につんのめっている記者やカメラマンたちの姿が写し込まれている。(1)

会見の冒頭、訴訟団長の宋斗会《そうとかい》さん（故人、享年八七歳）が用意した声明を読み上げた。(2)

「控訴はしない。」

「日本の裁判所もメディアも信用できない。最近ハワイに於いて発生した『えひめ丸』事件についてはメディアも含めて『アメリカ及びアメリカ海軍は誠意ある対応を』との大合唱を繰り返してきた。隣人に対しては誠意のかけらも見せない日本とそれを非難もしない日本の知識人やメディアの破廉恥ぶりは噴飯ものだ。」

「中国は一貫して『中国に侵略をしたのは一部の帝国主義者であって、日本の人民とは別のものだ』と言っているが、これは高等戦略であって、日本人民の他にどこの日本があるのか。当時のメディアこそ国民を戦争に、中国侵略に駆り立てた戦犯たちだ。」

「隣人に対して、いささかの誠実さも持ち合わせない日本に対して韓国の全国民は（中略）百年後でもいいから、もろもろの情勢が決定的に有利な時を待ってから、倭奴（ウェノム）を叩きのめして天罰を与えよ。」

「われわれは、舞鶴の海の砂を一握り採取して持って帰って祖先の墓に撒こう。」

宋斗会さんは、植民地時代の慶尚北道から渡日していた。戦後は一方的に奪われた国籍の確認を求める訴訟を一九六九年に起こしたり、一九七三年には法務省前で外国人登録証を焼き捨てるなどのパフォーマンスで知られる。歴史の清算へのこだわりから、最後まで自分は「日本人」であると主張し続け、二〇〇二年に死去するまで、日本の歴史的責任を鋭く、執拗に問い続けた人である。

激烈な、短い声明文を見上げると、宋さんは、「以上」と吐き棄て、会見を一方的に打ち切った。しかし、記者やカメラマンは、それではすまない。朝一〇時に言い渡された判決である。想定もしなかった「工夫」で搾り出された判決に、前もって作った原稿は大幅な差し換えが必要だった。夕刊の締め切りに追われていた記者たちは、応援要員として取材に加わっていた私も含めみな、焦っていた。訴訟団長とはいえ、宋さんは浮島丸爆沈の生存者ではなく、遺族でもない。新聞記事には原告たちの肉声が必要だった。迫った締め切りをにらみながら、原告や弁護士の話、その場の情景をそのつど、電話で会社に吹き込み、差し換え原稿を作らねばならない。だが、宋さんの会見は、用意したコメントを読み上げただけの、およそ会見とも思えぬものだった。「あと一言」を求めようと追いすがる新聞記者を宋さんは、「やかましい！　どけ！」と怒鳴りつけ、原告、支援者を引き連れて退席した。その後、時間差で弁護団が、すでに原告らが立ち去った会場で、判決の評価できる点、出来ない点を語るという、異様な時間差会見となった。

判決の翌日は、事件から五六回目の慰霊の日だった。原告と家族たち一三人は、舞鶴湾を臨む京都府舞鶴市佐波賀を慰霊に訪れた。私もまた、現地を訪れた。

私が現地を見たのは初めてだった。強制労働から解放され、故郷に向かっていた人たち。日本政府が認めただけで五四九人が亡くなった場所は、岸からわずか二、三〇〇メートルあまりしかない。なぜこの距離を泳ぎ、岸にたどり着けなかったのかと思うほどに、現場は岸から余りにも近かった。

犠牲者を慰霊する「殉難の碑」を背景に、遺族たちは、塗り固められた護岸にゴザを敷いて、果物や酒、シリト（餅）を並べると、海に向かって地に伏し、礼をして、立ち上がる動作を繰り返した。チェサ（祭祀）をしている原告たちと、現前に広がる静かな濃緑の海をみていると、その底には、いまだ人数すら明らかでない犠牲者たちが、ことの真相が明らかにされる日を待ちながら、静かにひそんでいて、こちらを見つめているような気がしてくるのだった。そして、遺族らはまるでそこに父母がいるかのように、目の前の海に何かを語りかけながら、供え物の酒を緑色の海に注ぎ、花や果物を投げ入れ続け、父母が事切れた場所に向かって、「アボジー」「オモニー」と声を張り上げ続けた。

海に向かって叫ぶ遺族の絵を撮ろうと、カメラマンたちは、護岸から斜面に固められた海に入り、膝まで水に浸かって写真を撮った。遺族の真下からテレビカメラを回していたクルーを、宋さんが横から「どけっ！　バカモノ」と杖で殴りつけていたのを覚えている。

このような判決ですら大阪高裁では逆転敗訴となり、さらに二〇〇四年一二月、最高裁への上告は棄却され、敗訴が確定した。

解放後の母国では政情不安が強まっていった。一九四八年、高さんの故郷、済州島ではいわゆる「四・三事件」が起こる。

冷戦構造を意識した米国は、朝鮮半島を社会主義からの防波堤と位置づけるようになる。そして軍人、李承晩氏を大統領にするための出来レース、南朝鮮単独選挙を実施させる。これに反対する住民が蜂起したといわれるのが「四・三事件」である。軍事政権は住民を徹底弾圧し、済州島の人口三〇万人中約三万人が死亡したとされる。軍事独裁政権下の韓国では「共産暴動」とされ、長い間、事件を公に語ることすらタブーだった。

この事件直前、高さんの実父はすでに死去していた。母親は家族を連れて山に逃げ込み、同胞相食む地獄をかろうじて逃れた。だが、妹の夫や親族二人は今もまだ行方不明のままだ。後に朝鮮総連の専従になった高さんにも、行方の分からない二人の消息確認の依頼が来たという。

『「もしかしたら共和国に行ったかもしれんから、行った時は探して欲しい』って。でも見つからんかった。家も収穫物も焼かれて大変やったらしい。だから、今もあの時、済州《チェジュ》に戻ったらよかったとは思えない。行かんでよかったと思ったりする……」。

当時、帰国しなかったことを今、どう思っているのか、高さんに質問すると、浮島丸事件や、四・三事件など、あとから耳にした事件を引き合いに出して、あの時、故郷に帰らなくってよかったと思ったりもする……と語りながら、しかし、そう語る高さんからは逆に、帰国熱が盛り上がっていたあの時期に、結局、帰国しなかったことを今にいたるまで抱え込み、そのことの是非を反芻し続け、そうであるがゆえに、帰らなくてよかったのだと自分に言い聞かせている、そのような思いが感じられた。故郷に戻らなかったこと、それは、六〇年たっても止むことのない葛藤を高さんに強いる選択でもあったのだった。その葛藤はおそらく、高さんだけのものではなく、結果的に日本にとどまることとなった在日一世の多くに共通するものなのではないだろうか。

高さんは、国鉄（当時）京都駅の南東、現在の南区東九条に住み、隣接する土地でくず鉄屋を始めた。家のあった場所は現在、竹田街道としてアスファルトに固められ、商売をしていた場所にはデパート「アバンティ」のコンクリートのビルがそびえ立っている。敗戦後から一九五〇年代にかけては、京都駅の東側だけでなく南側（現在の八条通り）近辺の空き地にもバラックが所狭しとひしめき合い、大きな闇市群が出来ていた。在日朝鮮人の中には、故郷へ帰るまでの腰掛けとして、ここに滞在していた人も少なからずいたともいわれる。

「もう、縁日の夜店みたいな感じや。服とか米とか、何でも手に入った。全国あっちこっちに行って、米やら野菜やら果物やら買い出してくる。駅には警察官がいるから持って降りると捕まって、没収されてしまう。やから、みんな買い出したもんを東山トンネル抜けて川（鴨川）越えたらな、こうやって」、高さんは両手に抱えた荷物を放る仕草を二回して、続けた、「窓からほかすんや。そしたら下で待っとる人がおって、拾うて持っていく。ようけ荷物投げてもな、自分のものは分かるねん。目印つけたりもした。布つけたりしてな。米といっしょに窓から落ちて死んだりする人もおったと思うわ。それを闇市で売るねん。いや、私は闇屋はやってへんねんで」。

在日朝鮮人一世の聴き取りをしているとよく出てくる話の一つに闇市がある。猥雑で騒然とした空気をただよわせる解放区のエピソードだ。研究者たちと話をしていても、闇市は朝鮮人を中心に形成されていき、朝鮮人が仕切っていたという認識を自明としている人に出会うこともある。実は私もそう思っていた。

しかし前述の水野直樹さんによると、実際に、闇市で口に糊していた在日朝鮮人の割合はそれほど高くはないという。京都での統計はないが、一九四〇年代、近畿の他都市で大型検挙があった際などにとられた国籍別の統計では、大阪で日本人七五％、朝鮮人二一％、中華民国人（台湾省民を含む）四％。神戸では日本人六〇％、朝鮮人二七％、台湾人九％、中国人四％で、共に三割を切っている。京都でまったく違う統計数値が出るとは考えにくい。

高五生さんの狙いがあたりくず鉄回収の仕事は軌道に乗り、事業所を構えるに至った。その背景には朝鮮戦争による鉄需要の伸び、「朝鮮特需」があった。だがそれは、他郷で最底辺の暮らしを強いられている朝鮮人が、故郷の戦火によって暮らしをかろうじて支えていくという残酷な構図でもあった。一九五二年六月には、「朝鮮戦争への軍需列車を一時間止めれば、一〇〇〇人の同胞の命が助かる」として、大阪の吹田操車場から朝鮮に軍需物資が運ばれるのを止めようと、朝鮮人や共産党員ら約一〇〇〇人が国鉄の吹田操車場にデモ行進。警官隊と衝突し、一一一人が騒擾罪などで逮捕、起訴された「吹田事件」などが起きている。そして、「アメリカ軍が日本の基地を足場にして朝鮮に飛行機を飛ばし」て、旧植民地の人々同士が血を流し合った朝鮮戦争は、他でもない旧宗主国である日本に経済成長をもたらしたのだった。(3)

慎重に言葉を選んで話す高さんも、一人で事業を切り盛りした話になると多弁になる。

この事件の三年後、朝鮮総連が結成された。夫は運動にのめり込み、仕事から離れていく。

「『もう金は稼がなくていい』って言うんよ」。軌道に乗ったとはいえ、決して裕福な暮らしではなかったが、民族教育の振興に没頭した夫は、いつも学校の関係者たちに家を開放し、食事の面倒を見た。その生活の糧を稼ぐのは高さん一人の役目になった。だが才覚があったのか、夫が事実上、商売をしなくなって以降、高さんは事業を拡大していく。京都駅近くという立地条件も手伝い、遠方からの持ち込みなども増えた。高さんは、遠方から来る者たちや、住み込みで鉄回収をする者たちに向けた宿泊施設も作ったという。

「平屋木造トタンの中に、ベニヤで間仕切りだけしてな。一時は三〇人くらいおったわ」。

私は二〇代のころ、建設現場での日雇い労働で食べていた経験があるので、「人夫出しもしてたのですか？」と訊くと、高さんは即座に反応した。「違うで。人夫出しとは違う。それはしてへん」。

人夫出しとは、労務者を寮に住まわせ、現場からの要請に応じ労務者を派遣し、その日給からピンハネをする「職業」である。露骨すぎる搾取の仕組みで、厳密にいえば、労働法規に違反しているが、現実には暗黙の了解として存在している。日々変化する仕事の都合に合わせ、必要な労働者の頭数をいつでも確保できて、仕事がなければ切り捨てられるシステムがあれば、中小零細の土木建築業者が負う経営上の「リスク」は低くなり、それは結局のところ、元請けの大企業の経営安定につながるのである。京都府内では、東九条は人夫出しの多いエリアだった。あえてその仕事をしなかったのは、高さんの矜持だったのだろう。

「人夫出しはせんかったけど。食べるため、食べんがためや。その後はパチンコや。滋賀県でパチンコ屋やった。まわりの人らがやり出したから、子孫《こまご》にやったらえぇわ思うて」。高さんは、知人が手放した大津市内のパチンコ屋を買い取り、夫の連れ子に任せた。だが結局、経営は失敗した。「今では親も息子も死んだわ。孫も結局、バラバラに暮らしてるわ……」。

鄭在任さんと同様、故郷でも日本でも就学できなかった高さんは、読み書きは出来なかったがカタカナと計算を独力で覚えた。

「新聞に書いてるのを見てカタカナは覚えた。最初は自分だけ分かる記号書いてな、相手にはカタカナで伝票切ってた。計算も覚えんとしょうがなかったから。そろばんは何時の間に覚えたんか分からんわ」。

訴訟の原告団の中でいえば、高さんは比較的、寡黙な人なのだが、商売を切り盛りしていたころのことになると話に興が乗ってくる。すると高さんは、楽しそうな顔はそのままに、拝むようにした右手を口に添え、息の音と同じくらいに落とした声で言った。「でもな、くず屋やってると、引っ掛かることもあるねんで」。

飛び込んできた一見客に盗品を売りつけられ、故買の疑いをかけられ警察に検挙された経験だった。

「昔はな、電線も、使ってる線切って持ってくる人もいてた。駅前にあるくず屋やから一番、最初に飛び込んでくるんや。そしたら後で警察官が来て、『こんな品物きたやろ』って来る。一度は引っ張られたこともあったで。うちに売った人間が東山署で捕まったんや」。持ち前のユーモア精神なのか、ますます顔をほころばせ、話が止まらない。「で警察に行ったら、『お前、なんで朝鮮人なんかと一緒になった?』やって、うち、日本人に見えたんや」。

高さんにつられ、私も吹き出した。「それで刑事に『ウチ、日本人に見えるのん?』って聞いたら、その刑事、恥ずかしかったんかな。『えっ! じゃあすぐに登録証見せろっ!』や」。

くず鉄屋兼住居のあった場所は、その後、地域整備を名目に、より鴨川に近い南東側に立ち退かされた。

「京都市が立ち退けっていうから、立退き料貰ったけど、後でそこに立ったのはデパートや」。地べたを這って立ち上げたくず鉄屋。ようやく軌道に乗った自分たちの商売の場を行政が奪い、そこに大資本の商業施設が建ったのだった。転居先も数年後、より南側に立ち退かされた。生活が立ち行くようになると立ち退きを命じられる。その繰り返しだった。

長男は解放の年に生まれた。ＧＨＱの朝鮮人敵視政策に便乗した日本政府が朝鮮学校の閉鎖を命じ、民族教育の場に警察官が押しかけた時代。普通学校での教育と、民族教育との間を往復した後、息子は中学から民族学校に通った。

「朝鮮人やのに朝鮮語分からんのはアカンやろと。日本の社会で役には立たんやろうけど、『民族性』やな、やっぱり」。

長男が自らの進路を決めたのは、小学校時代の日本人教師の影響が大きかったという。

「日本人やで、日本人の先生が息子に、『国の仕事しようと思ったら、向こう（朝鮮学校）いかないと！　日本の勉強しては上に立つ人にはなれない。父みたいになるなら自分の勉強しないといけない』って言って。それで民族学校出たら、『祖国に帰る』って言い出した。私はなんか、気が進まんかったから反対したんやけど、言い出したらきかん子やった。それでウリハッキョ（私たちの学校＝民族学校）行かしたら、帰ってもうた」。

そう語り、高さんは視線を逸らして笑い、淋しそうな表情を見せた。息子は二〇〇五年で還暦。孫もでき、一〇人を超える大家族で暮らし、二カ月に一回は電話があるというが、高さんの表情からはともに暮らしたかったという思いがありありとうかがえた。

夫が死去した後、高さんは朝鮮総連の専従になった。高さんが力を入れて取り組んだのは、識字だった。

「近所の人もみんな学校、行ってへんねん。それで声かけて集めて、学校の先生なんか来てもらってやった。『成人学校』や」。

その活動を通じて、高さんは朝鮮語の読み書きを覚えたという。

「去年、いや一昨年（二〇〇三年）やな、（済州島に）帰ったとき、妹らと話したら、『オンニ、なんでウリマル（私たちの言葉＝朝鮮語）読み書きできたの？』『どうやって覚えたの？』って、もうビックリや。六十数年ぶりに会うから知らんかったんやで、私ができるの。勉強したからウリマルは書けるし、話せんねん」。

高さんは誇らしげに笑った。

高さんは長い間、夫が厚生年金を掛けていると思い込んでいた。夫が死去で納められない残りの期間を自分が代わりに納めれば、合算として自分の受給資格が出ると考えていた。だから十年以上、年金料を納めていたが、夫が掛けていたのは、実は健康保険だけで、結局、高さんの掛け金は掛け捨てになった。

今は生活保護を受けて暮らしている。年金制度から排除されていることは理不尽だと思うと同時に、「仕方ない」とも思っていたという。日本政府の政策によって故郷を離れ、戦後は幾十もの差別の中で得た暮らしの場を何度も追い立てられ、朝鮮人としての教育さえ潰されてきた。そんな高五生さんにとって、ほかでもない日本政府が、自分たちに「よいこと」をするとは想像できなかったのだろう。

高さんは話す。

「私はどうせ、福祉もらってるから、それ以上の金が出ないのは分かってる。せやから裁判勝っても変わることはない。でも、まわりにもいっぱいいるねん、同胞が。同い年くらいになって、年金ないから子どもと一緒に住んでな。お風呂に行くのにも子どもから金出してもらってんねん。その人は裁判できひんねんけど、今度、裁判（弁論）には一緒に行こうって、言ってんねん」。

（1）日本国に朝鮮と朝鮮人に対する公式陳謝と賠償を求める裁判をすすめる会『報告・浮島丸事件訴訟』（南方新社、二〇〇一年）

（2）朝鮮語読みすれば「ソン・ドへ」だが、宋さんは、日本の歴史的責任を問う観点から生涯にわたり「自分は日本人」と主張し、「そう・とかい」と名乗り続けた。

（3）二〇〇二年六月二二日、吹田市民会館で開かれた「『吹田事件』五〇周年記念シンポジウム」での記念講演における詩人、金時鐘《キムシジョン》さんの言葉である。金さんは当時、非合法だった機関紙の遊軍記者としてルポと激励の詩を書くためにデモに同行した。金さんによれば、朝鮮戦争は米国にとって最新兵器の実験場でもあった。アフガニスタンなどに投下され、人々を殺傷している最新爆弾の数々は、当時、米軍が朝鮮で使用した武器に改良が加えられていったものだという。解放後も在日し、旧宗主国の経済構造の最底辺を担っていた在日朝鮮人たち。彼らの経営する町工場は、兵器の部品製造でかろうじて稼動していた。それを朝鮮人の青年活動家が押しかけ、糾弾し、暮らしの基盤である工場の機械を破壊していくさまを語った講演録は、差別とたたかう文化刊行会『差別とたたかう文化』（二〇〇二年秋）に収録され、その後『わが生と詩』（二〇〇四年一〇月、岩波書店）に収められている。

Ⅵ章 もうアンタ、今ごろ来たかて遅いで

金君子さん

京都府南部の在日コリアン集住地域。宇治市伊勢田町ウトロ。立ち退きの危機に晒され続ける約二・一ヘクタールの地域では毎年、支援者を交えての新年会が開かれる。二〇〇五年一月の新年会。鍋を囲み、酒を呑んだ。場が盛り上がるなか、支援者の田川明子さんは、ウトロで暮らしている在日一世の姜慶南《カンキョンナム》さん（一九二六年生）が来ていないのを気にしていた。

「体調を崩しているのかって、心配になったんです。で、その後、ばたっと会って、『なんで新年会、けぇへんかったん。チラシ入ってたやろ』って聞いたんです。実際、自治会を通じて全戸配布してたから。そしたらオモニは『そんなん私、字ぃよめやぁしませんがな』って。『あぁ、またやっちゃやったぁ』」って。

京都市左京区の「糺ノ森」近くにある喫茶店。二本目のタバコに火を点けた後、田川さんは肩を少しすぼめ、はにかんだような笑顔を見せた。黒い髪を中学校の女子生徒のようにぴっちりとセンターで分け、笑みを絶やさずに丁寧に話す。この近くで木製玩具の店を経営している。

ウトロを田川さんが初めて訪れたのは、一九八六年のことだった。指紋押捺拒否運動へのかかわりが、同じ社会で暮らしている在日朝鮮人という他者に、そして「置き去りにされた町」と田川さんが語るウトロ地区に彼女をつなげた。

第二次大戦終了後、日本を間接統治したGHQの主体は米国だった。ソ連との対立が先鋭化していく状況を背景にして、米国は、当初は解放民族として遇していた在日朝鮮人への警戒心を強め、それが方針決定に顕在化していく。ひとつには朝鮮人が大陸と日本を行き来することを徹底して制限、管理することだった。一九四六年以降、GHQは在日朝鮮人への取り締まり権限を日本政府が有するとのお墨付きを与え、再三にわたり日本政府に対し、一度、本国に戻った朝鮮人が再び日本に戻ってくるのを取り締まるように指示する。日本政府の思惑とも一致していたその方針は、一九四九年一〇月に発令された出入国管理令、その後の出入国管理法につながっていく。もうひとつは、日本国内で暮らしている旧植民地出身者の徹底した把握である。日本政府は入管令に先立つ一九四七年五月、外国人登録令を出して、在日朝鮮人たちの居住管理に乗り出す。一九五二年四月二八日、サンフランシスコ講和条約の発効と同時に、これは外国人登録法となる。出入国管理法とあわせた外国人管理体制の確立だった。

人間を管理対象と明記する外国人登録法は、日本に居住する外国籍者をあくまで治安管理の対象と見なし、居住歴や職歴、犯歴までをも徹底管理する法律である。これに基づく外国人登録原票に載せられた情報は、協力者作りの基礎データを欲しがる公安調査庁などによって自治体に請求、流用されており、その実態は度々、発覚している。最近では二〇〇一年八月、京都市が「破壊活動防止法による調査」とする公安調査庁からの要求のままに、朝鮮総連関係者を中心とした請求分一一七人中、データが京都市にあった八六人分の原票写しと、一四人分の転居情報を交付していたことが、内部告発によって明るみに出た。その後、問題は全国各地の自治体に波及した。

　指紋押捺はその外登法に基づく制度の一つだ。当時、一四歳になった外国人は人差し指の指紋を回し押しさせられ、三年ごとの切り替えのたびに指紋を採取された。この制度に対し、一九八〇年、在日朝鮮人一世、韓宗碩《ハンジョンソク》さん（一九二八年生）が東京都新宿区役所で指紋の押捺を拒否した。当時の罰則は、「一年以下の懲役もしくは禁固、または三万円以下の罰金」という刑事罰だった。そして、帰国や海外渡航にあたって日本への再入国許可が出ない危険もあった。だが、「たった一人の反乱」といわれた韓さんの押捺拒否に呼応し、同じように押捺を拒否する人々が、在日、あるいは新たに定住した外国籍者の間に増えた。捜査当局による逮捕、起訴。さらには法務当局による再入国不許可や在留期間短縮処分などといった弾圧にもかかわらず、在日朝鮮人たちが日本政府の施策に正面から否を突きつける動きは広がりを見せた。一九四八年の民族学校閉鎖への抗議行動〈これについては第Ⅱ章で詳述〉など、解放直後の例を除けば、初といっていい在日の総体的な反差別運動だった（押捺については一九九九年の改訂で全廃された）。

　田川さんが在日と接したのは、韓さんの押捺拒否から五年目、外国人登録証の大量切り替え時期にあたる一九八五年、運動がピークに達していたころだった。反戦集会で出会ったある在日女性が指紋押捺を拒否することに決め、田川さんに、一緒に役所に来て欲しいと声をかけたのだった。彼女は、初めて指紋を押した一四歳の時の思いを田川さんに語った。

「指紋は回転式でしょ。彼女が人差し指をゆっくりと回して指紋を押す仕草をしながら言いましたね。『これでこの社会から信用されない人。後ろ指を指される人になっている気になった。私、拒否するから、一緒に来てくれる?』って」。

日本にとっては敗戦、朝鮮人にとっては解放であった一九四五年、自分と同い年に生まれた彼女の訴えに、ひどく心が動いたと、田川さんは述懐する。彼女のとつとつとした語りを聞きながら、田川さんの脳裏に浮かんだのは、その二〇年前、同志社大の学生時代に経験した日韓条約締結に反対する運動での出来事だった。

「『軍事独裁政権を支えるな』とか言ってね。私たちは『日韓条約反対』なんてプラカードを持ってデモに出るんです。出町柳（京都市左京区）の交差点のあたりに来ると、近くにある民団の学生同盟の人たちが『韓日条約反対』って来る。合流する時、私なんかは単純にある種の連帯を感じたんだけど、彼らは全然、そうじゃなかった。当時は立命館もこっちにあったし、京大の学生も含めて、出町柳で他大学のデモと合流することは多かった。でもあの時とは空気が違っていた。風が通っていなかったというか、そんな感じかな。そりゃそうですよね。日韓闘争やったのに、日本人の運動内では少なくても私の知ってる限り、指紋の『シ』の字も出なかった」。たとえ同じ場所にいて、同じようにデモをしていた学生であっても、植民地支配が生み出し、祖国分断と、日本社会の抑圧の中を生きていた在日朝鮮人と、国民であることを自明に生きていける日本人との間には、その認識に埋め難い溝があった。

「まるで違う歴史を彼女は持っていた。私だってのほほんと生きていたわけじゃないと思うけど、在日の存在が全然見えていなかった。小さい時から周りにいたはずなのに、気付かなかった。私にとっては井上光晴の小説に出てくる人でしかなかった。私は何て想像力がないのかって思って。ほんとに衝撃だった。あの過去があるから今もウトロにかかわり続けているのかも。その時の宿題をまだできていない、出来の悪い学生です」。田川さんは笑った。田川さんの出会った在日女性がウトロ地区に生まれ育ち、やがて地域の外に出た人だった。

宇治市伊勢田町ウトロ。そもそもの地名だったのは漢字表記の「宇戸口《うとぐち》」で、「口」をカタカナと読み違えたことでその後「ウトロ」になったとされるこの地には、国策会社「日本航空工業」による一九四〇年の京都軍事飛行場建設計画に伴い、多くの朝鮮人労働者が集められ、飯場が形成された。ピーク時は朝鮮人労働者を中心に約一三〇〇人が暮らしていたという。結局、飛行場は未完成のまま終戦を迎えたが、戦後も多くの朝鮮人がとどまり、戦後は東九条や大阪市生野区など、他地域から転居してきたり、帰国までの一時滞在として来たり、逆に故郷の政情悪化で命からがら入国管理の網の目をかいくぐり、再渡日してきた人たちも集まってきた。

『『ウトロには水道もない』って言われて、翌年、行きました。同じ宇治市に住んでたのに場所も知らなかったんですよ。駅を降りて歩いてたら、急に道が狭くなるでしょ。地区内をたくさん歩き回ったな。トタンのバラックがたくさんあって、まさか人は住んでない……、と思ったところにちゃんと人が住んでいた。汚い溝がむき出しになっていて。当時は何がなんだか分からなくて、『ウトロ』がカタカナで書かれてるのも何かの差別じゃないかって思った」。当時を振り返り、田川さんは笑った。

最初に取り組んだのは水道問題だった。民族団体の地元支部なども宇治市役所に埋設許可を求めていたが、市は、土地は民間企業が所有しているとして、埋設工事を認めなかった。ウトロの土地は、国策会社の後身・日産車体（本社・神奈川県）に引き継がれていた。田川さんたちは、地元の住民らで寄り合い、宇治市との行政交渉に乗り出した。「民族団体の幹部や当時の社会党の市議なんかが何人も来てたけど、地区内の人はほとんどいなかった。ウトロの人のリアリティーとして、日本人が来て自分たちに利のあることをするわけがないと思われてたんですね」と振り返る。

交渉はあっけなく実を結んだ。交渉スタートから水道管埋設はとんとん拍子で進み、宇治市は埋設を許可。半年後、水道が通った。

「有頂天でした。でも『何で？』と思わないといけなかったんですよね。何年も企業所有地として拒まれたのが、何でついたのかって」。

実は土地は一九八七年三月、日産車体から、「自治会長」を名乗る住民の一人に約三億円で売却され、その約二カ月後、不動産会社「西日本殖産」(本社・大阪市)へ約四億四五〇〇万円で転売されていた。植民地支配の結果として、在日朝鮮人を中心に数百人の住民が暮らし、住環境の改善運動が組織されていた土地である。日産車体はバブルに乗じて、体よく、手のつけようがなくなっていた土地を一人の住民に売りつけたのだった。売却価格は、周辺地価の十分の一ほどの坪単価五万円以下に過ぎなかったという。いかに日産車体がこの土地を早く「始末」したかったかが露骨に表れている。そして、住民から土地を転売された形になっている不動産会社は日産車体から男性に所有権が移転された後に設立され、会社の役員の中には、この男性の名前が入っていた。西日本殖産が住民に立ち退きを求めた時期に前後して、この男性は地区内から姿を消した。今に至るウトロの立ち退き問題の始まりだった[1]。

京都駅から近鉄京都線に乗って二〇分ほど、伊勢田駅を降りて、坂になった道を下りる。五分も歩くと、白抜きや黒字で書かれた禍々しい立て看板が目に飛び込んでくる。「ウトロはふるさと」「ここで生きたい」「強制立ち退きは国際人権規約に反する」……。守る会の提案で立てられた看板である。一九八七年、土地の所有権を得た西日本殖産は、一九八九年二月、住民六九世帯を相手取り、土地明け渡しを求めて裁判を起こした。京都地裁は三次にわたり和解案を提示した。一九九六年一〇月にはじまった三次の和解交渉では、「住民が一四億円で土地全体を

空家の回りを立て看板が囲むウトロ地区の入り口。状況の緊迫に伴い、看板の数も増えた。

買い取る」とする最終和解案が提示されたが、そもそも三億円で「叩き売り」された土地なのだ。住民側が主張していた金額約七億円とは折り合わず、翌年三月、和解交渉は決裂した。そして二〇〇〇年一一月末、一〇年に及ぶ裁判は住民の敗訴に終わった。

その後の展開はめまぐるしい。二〇〇一年三月には日産車体が京都工場を閉鎖した。土地には次々と抵当権が設定され、二〇〇三年末から翌年春には、不動産業者の出入りが頻繁になった。強制執行の危機がひんぱんに聞こえてくる。いずれも住民にはどうしようもないところで進んでいる事態であることが共通点だ。

立て看板は情勢の変化を踏まえ、二〇〇四年夏、住民の決起集会を契機に立て替えたのだという。国と日産車体の歴史的責任を糾弾し、住民の立ち退きを求める「地上げ屋」への批判を中心とした文言はいくぶん退き、現在は国際法に依拠した「居住の権利」を強調する文言や、まるで目の前にいる解体業者の「良心」に訴えかけるような言葉が目立つ。運動の力点と環境の変化である。

司法は住民がここに暮らす権利はないと判断した。法的にいえば、住民たちはいつ強制立ち退きをされても不思議はない状態にある。地元宇治市や京都府、日本政府さらには韓国政府への働き掛けまでしているが、事態は膠着している。

判決確定後にも土地は転売され、所有権は複雑に絡み合っている。その債権者の中には、RCCも入っている。旧住宅金融専門公庫の不良債権問題を処理するために作られた国策会社を前身とし、その時代の強引な債権回収のやり口と、詐欺そのものの手法が問題となり、初代社長、中坊公平氏が刑事告発(不起訴、弁護士廃業)される事態となった整理回収機構(旧住宅金融債権管理機構)のことである。この「国営取立て屋」もウトロについては静観の構えを見せる。「関西で最も問題の多い土地だと認識している。歴史的な背景があって住民があそこに住んでいることは認識しているし、住民が住み続けられればいいとは思っているが、なるべく当事者同士で納得いく解決を図って欲しい」と、同機構の関係者は話す。

一階部分が立て看板で取り囲まれた木造二階建ての空家の横を左に入ると、ウトロ地区に入る。

「強制執行反対」

「無くさないで　お年寄りが大事にされて生きていける場所」

「戦いはこれからだ」

角を折れるごとに立て看板が目に入ってくる。数カ月で増えた建て看板の写真を撮りながら歩いていると、後ろから来た軽乗用車が私の横で不器用に前後しながら止まり、住民とおぼしき運転席の女性が鋭い視線を私に投げかけ、人となりを確認している。気まずい空気を何とかしようと、私が女性に頭を下げると、女性もぎこちない会釈を返して追い越していった。地上げ屋に連なる人間だと思われたのだろう。

二〇〇三年末から翌年春にかけては、地域内に不動産業者と見られる人物が行き来し、強制執行が近付いてきたとの噂が何度も流れている状況を反映しているのだろうか。これまで何度も訪問する中では感じなかったどこか殺伐とした空気を自覚しつつ、さらに歩を進めると、ふいに足元の舗装が途切れる。左手にはトタンが切り貼りされた木造の空き家があり、その下の溝には土嚢が積まれている。今に至るまで下水道はなく、生活用水もそのまま流している。不恰好に舗装されたアスファルトには側溝もない。今でもまとまった雨が降ると、水が溢れ、床下浸水する構造の家が散在している。

路地を入り込み、木造平屋の玄関を開ける。無年金訴訟原告の金君子《キムクンジャ》さん（一九二八年生）の家である。玄関を開けて中に入り、「ごめんください」と何度も繰り返す。部屋は玄関の左側にある。いつものように、ガラス戸を締め切り、テレビをつけっぱなしにしているため、私の声が聞こえないのだ。薄暗い廊下には、ガラス戸越しに部屋のテレビから発せられる光がめまぐるしく映っていた。

ガラス戸をたたくと、金さんが出てきた。

「まぁ、入りいや」。

生き抜いてきた現実に思いをはせるように、金君子さんは何度も、遠くを見つめた。

涼しい目をして、いつものように、低く塩辛い声で話す。手入れが少なくて済むようにか、銀色の頭髪はパーマをかけ、短くまとめてある。灰色のトレーナーの上に小豆色のベストをはおり、ブルーのジーンズをはいている。どこかしら労働者然とした格好だ。

家は六畳五間と炊事場、長男が結婚した時に建てた八畳の離れがある。ウトロで最も早い時期に建てた家と金さんは言う。唯一、畳を敷いてある六畳間が金さんの普段の居室である。他はすべてコンパネ（ベニヤ板）の上に絨毯を敷いている。孫が生まれた時、身体が冷えるからと、この部屋にだけは六枚の畳を敷いたのだ。

ストーブの上ではヤカンが湯気を立てていた。テーブルの上にはすでに、お湯割りのグラスが定位置を占めている。七〇代後半の今も連日のように肉体労働をしている金さんにとって、帰宅後の一杯は日課である。「ちょっと待ってや」。そう言うと、金さんは焼酎のボトルを取りに台所に向かった。すると「オモニー」の声と共に、玄関が開く。切れのある、よく通る声だった。これくらい張り上げないと聞こえないのだと実感する。声は隣接する城陽市で暮らす金さんの次女、金淑子《キムスクチャ》さんである。家で炊いたおでんを母親の夕食の足し、あるいはツマミとして届けにきたのだった。

ウトロの人口は減り続けている。田川さんに、「在日すること」の一端を垣間見せてくれたあの女性のように、地域を出て行く人が多いからだ。傾向として顕著なのは、世帯数はさほど減らないのに、人口が大幅に減っていることだ。若年層が地区を出て、高齢者だけが残り続けるのである。結果として独居の高齢世帯が増えているのだという。

金さんがボトルを取って戻ってくる間、淑子さんと向かい合った。玄関前の路地にあった土嚢について聞くと、冠水したころの記憶を語ってくれた。飯場を取り巻くようにバラックが立ち並んでいったウトロで、一番最初に建てられた家。それは立地条件を踏まえない「見切り建築」を意味した。まとまった雨が降れば道には水があふれる環境で、最も標高の低い場所に、床面を上げずに建ててしまったのだ。

「夜中に子どもがすごく泣くからミルクを上げようと思って抱きかかえたら背中がビショビショやったんです。汗かと思ったら水浸し。それで気付きました。あれは何やったかな。台風の時やったかな。畳を全部上げたんやけど、濡れたコンパネがむき出しになって、子どもが滑って頭をぶつけて大変でした」。淑子さんは当時を振り返った。家が水浸しになることは何回もあり、すぐにはいつのことだったか思い出せないようだった。

焼酎のペットボトルを持って戻ってきた金さんと淑子さんが言葉を交わす。京都朝鮮高級学校（京都市左京区）でサッカー部に属し、二〇〇三年度の全国大会に出場した淑子さんの一七歳になる息子の近況が話題になる。私が話に割り込むと、金さんはすっと台所の方に行き、朝鮮学校が全国大会の出場記念に作ったサッカー部のポスターを持ってきて、私の前に広げる。ガッツポーズをして中央にいるのが孫だ。成長が楽しくて仕方ないようだった。

金さんも週末には何キロも離れた淑子さんの家に行くこともある。移動手段は自転車だ。身体も大変だし、危ないから、と淑子さんたちは車で送り迎えくらいはするというのだが、「娘夫婦に迷惑は掛けたくないから」、と断るのだという。

「あんた、そんなもんな、五時や六時になって、忙しい時に『送ってくれ』なんて言われへんやろ。迷惑は掛けられへんがな。自転車やったらいつでも帰れる。まぁ、それでもイッパイやったらあかんけどな。それでもその時は翌朝一番で帰るんや」。

金さんがそう言って私に笑いかけると、淑子さんが引き受けて笑った。「子孝行な親だって、みんなで言ってるんです」。

娘が帰ると呟いた。

「末娘もダンナもよおしてくれるし、息子も負けんくらいにしてくれる。でも今の社会はもうけがないからなぁ～。ほんでなんや？　難しい話聞くんかいな。違う？　もう、そしたら簡単な話やろ。でもな、もうみんな忘れてもうたで、ほんま。まぁ、そしたらイッパイ呑みながらしいな。かめへんやろ。アテはないけどな、ささ、呑んでやぁ。湯割り焼酎でよかったらな」。

それにしても、金さんの言う「いっぱい」は片仮名表記の「イッパイ」がぴったりとくる。いつものように、自家製キムチをつまみにしながらのインタビューとなる。テレビと電話台の上には、曾孫二人の写真が立て掛けてある。孫や曾孫たちの写真に囲まれて生活しているのは、独居で暮らしている他の原告と共通する風景である。隣町の城陽市に暮らす曾孫は、金君子さんに電話を掛けてきてはキムチをねだるという。

「こないだも『ハンメの漬ける白菜が欲しい』、って電話くれんねんで。小さい子やのに、キムチないとご飯、食べへんちゅうねん。しんどいけど、これいわれたら、漬けるのん、やめられへんやんかぁ」。

金さんは嬉しそうに笑う。ちなみに、「ハンメ」とはおばあちゃんの意味。ハルモニの慶尚道方言、「ハルメ」が在日社会の中で話される間に変化した言葉のようだ。

金さんの漬けるキムチは本当に美味しい。帰宅時に持たして貰おうとの魂胆を内に秘め、私は物欲しげな目をしてみせたりもするが、それは金さんの子孫《こまご》だけの特権のようだ。白菜、ネギ、アミエビ、海産物……、いくつもの素材が口紅のような赤い汁の中に漬け込まれている。私にとってキムチのポイントとなる塩加減も絶妙である。その辛さが自己主張する手前の量でセーブされ、後に塩味が残らない。数種類の唐辛子がかもし出す厚みのある辛さとほのかな甘み、そして、コクのあるニンニクの香りが口中に広がる。

私は、幼いころ、年末になると祖母の家に取りに行った「キムチ」を思い出していた。祖母の漬けた「キムチ」はお浸しのようだった。簡単に言えば具材が違っていた。ニンニクは一切使わず、代わりにニラが過剰に入っていた。ニンニクの匂いを避け、朝からでも食べられるのがウリと言えばウリだが。味が薄く、それでなくても塩を入れている「キムチ」にさらに、醤油を入れて食べたりした。それに海産物も入っていなかった。鬼籍に入るまで、私にはその存在を教えることも避けていた在日朝鮮人の祖父と離婚した後、私の母と二人で日本国籍を取り、集住地域を去った祖母は、かつての同胞の生活の匂いを徹底的に避けていた。

金さんは二歳の時、既に「渡日」していた父を追った母に連れられて日本に渡った。物心つく前だった。見せてくれた外国人登録証明書には「一九三一年一月二日、上陸許可」と記されてある。在日の始まりである。一家は滋賀県内の飯場を転々としながら暮らしをつなぎ、やがて、大阪との境にある京都府大山崎町に落ち着いた。当時、地元にあった内務省管轄の鉱山で、父は鉱夫として働いていたという(2)。

「発破をトロッコに積んでな、貨物みたいにして流すねん。毎朝、足巻いてな、弁当下げて軍事工場にいっとったんや」。

忘れられない出来事がある。戦時中のことだ。母が末の妹を出産して一カ月過ぎたころという。夫が仕事に出かけた後、配給のタバコを貰いに行った母が、崖から足を滑らせ、河岸に転落した。

「隣の子が教えに来てくれたけど、男手が誰もおらへんねん。父と隣の人が仕事から帰ってきたらもう夜や。懐中電灯なんかないし、二人で藁に火をつけて崖の下に行って探した。母親は顔も何ももう、血だらけで大変やったらしい。家に運び込まれたから私、急いで会いに行って扉を開けたら血だらけでびしょぬれの母親が玄関に座ってる。もうお化けや。私、娘やのにな、恐ろしくてな。飛んで逃げてもうたんや」。

母は床に伏せったまま、起きられなくなった。転落の際、岩盤で強打した腰は内出血で真っ黒になっていたという。

「朝鮮語で『もうアカン、死ぬ』って母親が言うんや。ほんで『あー、死んだらアカン』って私が泣くの。当時は泣くのが私の仕事やった。リヤカーに乗せて一時間くらいかけて、病院に連れて行くんやけど、空襲警報が鳴ったらもう駄目。病院も電気点けられへんしな。うちも怖いから電気消したり、布巻いたりしてな。もうおっぱいもやれへんから、妹には米研いで汁飲ましたりした」。

予後は芳しくなかった。

「見舞いに来る人がみんな、首を振って帰っていくねん。『もうアカン』ってな。金もないし、ろくな手当てもできひん。もうどうしてえぇんか分からんかった」。

そんな時だった。地域の年配女性が金さんに耳打ちしてくれた。

「『最後の手段や。これでアカンかったらもう駄目や』って言われてな。教えてくれたんや。同胞か、イルボンサラムか？　さぁ、分からんかったけど、教えてくれたんや」。

最後の「薬」は便だった。「当時は大衆トイレや。弟と二人で行ってな、ひしゃくでよけて、すくって、弟が持った布で濾すんや。二人で『おえー、おえー』って言いながらな。それで、寒いからそのままでは飲めへんから。鉄の御椀に入れて、七輪に載せて温めて、母親に渡すんや。でもな、濾してもやっぱり残るから、見たら表面にもプカプカ浮いてるねん。それで匂い消しや。実際は消えへんねんけどな、ドブロクを少しだけたらしてな、母親はこうやって」、両手で御椀を持ち、杯から酒を飲み干すような真似をしながら、「目を瞑ってな、すーっと呑むねん。ほんでな」、金さんは右手の小指を立てると、その第二関節を、左手の人差し指と親指で挟んで、言った。「その後、こんだけな、ミソ舐めるねん。それっだけ」。

えずきながらの治療は続いた。一カ月後、母親は起き上がったという。

「ほんまにな、便は利くんや。母親は九〇まで生きたけど、あの後、腰が痛いは一回も言わんかったわ」。

金さんはその母親の意向で、当時としては珍しく、尋常小学校に通った。学びの記憶と共に残るのは周囲の目だ。朝鮮人であることを意識した最初の体験だった。「とにかくチョーセンと言えば嫌われる。見せんとこうとするねんけど、苗字とかニンニクの匂いとかするやろ。最初、自己紹介したんやけどな。南用っていうのが通名でそれを名乗るねんけど、みんな知ってるからクスクスって笑い声がするねん。むちゃくちゃいじめられたということはないけど、ちょっと気に入らないとイケズをされたわ。遊びでも仲間はずれにされてな。当時は隠れんぼとか縄跳びくらいしかなかったけど」。

卒業後は松下電器の下請け会社で電池の枠を作る仕事に就き、間もなく解放を迎えた。一七歳で夫と見合いで結婚した。「会ったこともない人やった。私の実家に二晩、主人が泊まって、先に主人が帰るの。私は実家の父が私を連れて、仲人が乗って送り届けて帰るの。そりゃ、タクシー乗るなんて、生まれて初めてや。それで山崎からウトロに来たの。手料理で御馳走こしらえてな、賑やかやったで」。

ウトロの住宅は、飯場から出た人が、その周囲を取り囲むようにバラックを建てながら形成されていったという。当時は、トタンで作ったバラックがひしめいていて、共同トイレと井戸が一つしかなかった。

「風呂なんかないから、週一回、桃山（京都市伏見区）まで風呂に入りにいくねんけど、行って帰ってきたら路地ばっかりや。自分の家が分からんようになったんや。いや、ほんまに」。金さんは笑う。一つ屋根の下に、二世帯が住んだ。家の中をベニヤ板一枚で仕切り、その上に裸電球を吊るして両方の家族が灯りをとった。建て付けも悪く、風が吹き込んだ。年末になると、近所で貰ってきたコールタールを沸かして塗り付けて、セメント袋を貼り付けて隙間をふさいで新年を迎えたという。

「靴下も履けんで朝鮮の船型の木靴を履くやろ、そしたら足が荒れるねん。手も炊事で荒れるやろ、夜になったら尿で洗ったりしてたわ。子どものオムツもなくてな。弘法さん（弘法大師空海の命日とされる二一日、京都市南区の東寺で毎月開かれている縁日）に行って、浴衣の古モンを買って、外して縫い直してオシメにする。それは洗っても臭い。やから一週間に一回、湯を沸かして洗ったわ」。

マッコリ（ドブロク）の摘発を名目にした、官憲による地域への家宅捜索も経験している。

「音で分かるんや。家で寝てるとな。『ザッ、ザッ、ザッ、ザッ』って靴音がしてくる。そしたら警察や。ようけ、ざーっと筋になって入って来るんや。そしたら作ってる家はな、警察に取られるくらいやったら、って、甕出して川に流すねん」。

グラスを手にして金さんは笑う。私は複数の住民から、あれは当時、地区内にいた左翼活動家を狙っての別件捜査だったとも聞いた。いくつもの容疑による、なりふり構わぬ「ガサ入れ」は、何度も行われ、地区内にフル装備の官憲の列ができることが何度もあったという。

息つく間もない日々だったが、それでも空いた時間には、各家庭で作った惣菜とご飯をみんなで持ち寄って食べたりもした。

「何を作ったかやて？ そりゃキャベツ煮たりとかな、あり合わせ、そまつなもんや、白菜こしらえたりしてな。よその畑に棄ててある大根漬けたりもしたで。それとご飯や、でもおいしいねん。地べたに新聞敷いて輪になって食べたんや。歌ったり、踊ったりしてな」。

夫のことを聞くと、いつものように「もうみんな忘れてもうたわ」と一言。そして、押入れを開けてアルバムを取り出すと、中にあった白黒写真を私に見せてくれた。解放直後の民族学校での記念写真である。一枚は、木造の教室らしき場所に、六〇人ほどの子どもと、教師と見られる成人男性と女性が写っており、もう一枚はバラックの前で、同じ男性を中心にして、一二人のチョゴリ姿の少女が並んでいた。ウトロ地区内にあった民族学校である。阪神教育事件の後、一九四九年一二月ごろ、ここも閉鎖させられた。

「アボジ（ここでは夫の父）はウトロで子どもらに朝鮮語とかを教えてた。主人はほんまに頭の切れる人でな。朝鮮に教えに行ってた日本人と一緒に日本に渡ってな。飯場を周りながら勉強してたんらしい。それで伏見の高校卒業した後に私と結婚したんや。主人の通知表、もう要らんわと思って処分してもうたけど、『優』とか『秀』ばっかりやったで。水害やなんやかんやでなくなってもうた。男前というより優しい顔の人やったな。自分の嫁以外はないようにいたわってくれた。でも残念ながら命が短かった……」。

貧しいが幸せな毎日は長くは続かなかった。当時、日産車体の下請けのスクラップ業を営んでいた夫は、同僚の運転する車で引き取りにいく最中、電柱に衝突した。当時の八の字になった枝ハンドルでわき腹を激しくぶつけ、夫はそのまま九条病院に運ばれた。しかし貧しい暮らしの中での医療費負担と、入院で収入が途絶えることを気にした夫はそのまま帰宅し、家で湿布を貼っただけで放置していた。これが命取りになったのだ。内臓が損傷していたようだった。ほどなく血便が出た、やがて血を吐き、死去した。一九歳の若さだった。

「八月二三日に事故してな。一月九日、日赤で亡くなってん」。

何度も反芻した記憶なのだろうか。日付は即座に出てきた。「年末に身体、具合悪なって入院してんけど、そこでも『一週間ほど養生したら大丈夫、生活かかってるから三日で帰らして欲しい』って言ってた。車は駄目になった。治療代は全部実費。[3]電柱は『本人が死んだ』言うたら、（弁済は）ストップしてくれたけどな。ほんまに、ぇぇ人、過ぎた人やったで」。金さんは涼しい眼をして、遠くを見るようにつぶやいた。「ほんまなぁ、もう一回会えるなら、最後まで添い遂げたいわ。ほんまにそう思うで」。

スクラップ屋で蓄えた七五万円が残った。実家からの借金を加え、住んでた家の向かいに家を建てた。自分の子どもと夫の家族を養うため、後は働きづめだった。

『南用（通称名）、いかへんか？』ってウトロに誘いがくる。大阪の枚方とかな、側溝から土方の手元、釘仕舞いまで、何でもしたで」。

少し、酒が回ってきたのか、やや赤らんだ顔で、ゴツゴツした手を摩りながら金さんは続けた。

「『仕事が出来ん』と言われたことはないで。運転手の送り迎えもついてた。何でもしたから親方もよくしてくれたわ。現場にようけ生えてる草刈って片付けるのなんかも、歩合制で仕事したこともあったで。でも、人には負けられんかったもん。それに子どももよう協力してくれたわ。小さい時から新聞配ったり、ゴルフ場で玉拾いしたりな……」。

金君子さんも公的年金を出すように、役所に交渉に行ったことがある。

「何十年も前やった。老後が不安やから、役所に行って聞いたんやけどな」。

当時は国籍条項があり、門前払いだった。窓口の職員は「国籍が違う」の一点張りだった。

「そりゃ、ショックやったわ」。金さんは顔を背けて言った。「でも、みんな忘れてもうたわ。同じようなツレが何人も居てたからな」。

一九八二年に国籍条項が撤廃され、一九八五年、排除されていた二〇年九カ月を加入期間とし、残りの期間を納めれば年金が出る、いわゆるカラ期間がとられた際は、金さんも対象にはなったが、加入はしなかった。

「追納したらえぇとか言われたけど、金がなかった」。

家族六人を養っていた金さんにとって、将来の月額一万七千円程度を得るために、月額約八四〇〇円を払い続けることなど、現実的ではなかったのだ。(4)

今でも高齢者の事業組合を通じ、仕事をしている。仕事が止まった時、収入も止まる。

「草むしったり、落ち葉掃除したり、花壇抜いたり。元気なうちは働くけど、年金あったら仕事なんかしたないで、ほんま。一二歳で日本来て、ずっと働いてるのに、職もあてがってくれんかった」。

仕事の合間には病院に通う。腰と膝、歯も悪い。

二〇年近く前に、北朝鮮に行ったことがある。

「子どもらが『オモニ、行き』って旅費出してくれてな。身内で帰国者おらへんから、行きたいとこみんな連れて行ってもらった。きょうだいもおらへんから監視役もおらへんしな。快適やった。でも何やかんや言っても南朝鮮の出身やから、一回、戻りたいけど、アカンかもしれんな……」。

実父母の墓は、かつて暮らした大山崎町にある。

「でも山にあるやろ。足腰弱ってもうていけへんねん。罰当たりやな」。酒が進むにつれて話は尽きない。そして思い出したように質問を遮り、赤ら顔で、低い声で言った。

「ほんま色々あったけど、忘れてしもうたわ。もうアンタ、遅いで今ごろ。そりゃ、私のこれまでのこと、一から話したら、本になるで。でももう片足棺桶や。今ごろ来たかて遅いで。昔のうちに言うてくれたらメモでもしてたのにな……」。

ウトロには二〇〇四年一一月現在、約六五世帯二〇〇人が暮らす。この一五年で人数は約半減したが世帯は一五世帯程度しか減っていない。若年層が地域外に出て行っている人口動態を示している。高齢化率は宇治市の平均を四％近く上回る一九・二％。六年間で約六％増えた。うち一六世帯約二〇人が高齢者のみ、一二人は独居だ。高齢化と独居化が進む。在日一世の「死に際の問題」は、抜き差しならぬところにまできている。二〇〇三年一二月には西日本殖産から大阪市内の個人に所有権が移った。[5] 地元の解体業者に受注が入ったとの噂も定期的に流れている。不安定な状況の中で、独居高齢者ばかりが増えていく。

田川明子さんたちが運動を始めて一七年が経つ。米国新聞への意見広告掲載、国連の規約人権委員会ジュネーブでのアピール。居住福祉学会の開催……。その局面、局面でテーマを決め、問題の所在を日本国内、そして世界に訴えてきた。

「運動論的にみれば、ウトロの問題には、強烈に切り込んでいくだけの決め手はないと思う。集められて強制労働をさせられたわけではないし、未払い賃金もない。だからいろんな運動の風を受けてその中で物事を進めるしかない。でもだからこそ、『酷い目』の程度を強調して、「だから補償をしろ」的な主張はしていない。そんな居住者を篩いにかけるようなことはなかったし、出来なかった。戦後補償、居住福祉、人権、時々のテーマはあるけれど、一貫して訴えてきたのは、『植民地支配の清算は済んでいない』ということ」。そして続けた、「それからここには生身の人間が住んでいるということ。逆に言えばこれが強みなのかな」。

二〇〇五年は、朝鮮が実質的に日本に支配されてから一〇〇年目になる。そして日本の植民地支配から解放されて六〇年目、さらには日韓条約から四〇年の節目となる。韓国内では節目の年に向けて、歴史の清算を進めようとする動きが高まりをみせているという。韓国国会では、二〇〇四年二月、「日帝強制占領下強制動員被害真相究明に関する特別法」が提出から約二年半を経て成立。三月には「日帝強制占領下親日反民族行為真相究明に関する特別法」が可決された。

この流れの中で近年は、韓国政府もウトロ問題を意識するようになってきた。二〇〇四年九月、韓国で開かれた国際居住問題研究会議で、ウトロの住民たちが自らの歴史と思いを韓国の人たちにぶつけたことが韓国内で大きく報道された。これを受け、二〇〇四年一一月には、在日韓国総領事、政府の在外国民領事局長が相次いで地区を訪問した。一二月九日には、一九九二年から毎年、開かれている日本と韓国のアジア太平洋局長会議の席で、在日韓国人の地方参政権問題や在日高齢者、「障害者」の無年金問題などに加えて、ウトロ問題も取り上げられた。韓国側からは「(地域形成の)歴史的背景や基本的人権を考慮し、解決策を立てて欲しい」と要望があり、日本側は歴史的経緯を認めた上で、「現在、当該地方自治体で円滑な解決を図るためにいろいろな努力を行っており、今後とも注視していく」などと答えたという。(6) そして、二〇〇五年二月二二から二四日には、韓国のNGO「KIN」(Korean International Network)のメンバーらがウトロを訪問、韓国内で問題をアピールするため、住民から聴き取りをした。

調査の場所は、かつて朝鮮学校があった場所に建てられている朝鮮総連南山城支部の一階だった。普段から集会所として住民が利用している。集まった住民たちは、三つのテーブルに分かれてメンバーからの聴き取りを受けていた。テーブルの上にはレコーダーとマイク、聴き取り用のフォーマットが広げてある。机を取り囲むようにインタビューが行われ、それを取材に来た日本のメディアの人たちが取り囲んでいる。二カ所は朝鮮語で、残りは日本語でのインタビュー。私がやり取りを聞いていた一番奥のテーブルでは、KINの代表執行委員、裵徳鎬《ペドッコ》さん（一九六八年生）が四人の住民と話をしていた。裵さんは日本への留学経験があり、今回は通訳も兼ねている。前日、住環境の劣悪さを目の当たりにして、夜の交流会ではあいさつの際、泣き出してしまった。目に力のある凛とした女性である。

ＫＩＮによるウトロ住民への聞き取り調査。１世を中心に、二〇人ほどの住民が協力した。

　裵さんが聴き取りをしているテーブルにいる住民は四人で、全員女性である。四人のうち三人は朝鮮人で、在日一世は二人、二世が一人だ。一人は在日男性の妻としてウトロで暮らしてきた日本人である。正確な数は定かではないが、ウトロに暮らす日本人は住民の約一割いる。一番多いのが配偶者としてウトロで暮らしてきた人という。

　裵さんが聞く。

「判決への感想を聞かせてください」

「そやなぁ、今まで暮らして来て、もうあと一〇年くらいがヤマかなぁ……」

ふくよかな顔をした在日一世の鄭貴蓮《チョンキリョン》さん（一九二三年生）が応えていると、斜め前に座っていた在日二世の鄭光子《チョンクァンジャ》さん（一九三三年生）がすかさず突っ込む。

「えっ！　あんた、あとまだ一〇年も生きるつもりやの？」

笑いが起こる。テンポよく会話が進む。まるで掛け合い漫才のようだ。

そして光子さんは裵さんの方を向いて言う。

「しかし、あんたなぁ、情けないもんやで、この年になって、どうなるか分からへんちゅうのは」。他の人たちがうなずく。

傍に座って、やり取りを聞いた私と目が合うと、鄭光子さんが「まぁ楽にしいな」と座布団を出し、机に近付くよう促してくれる。

今回の聴き取りは、韓国内に、もっと具体的に言えば、韓国の国会議員に、問題を訴え、韓国政府として何ができるかを考えることにあるという。

「韓国政府に何を要望しますか？」と裵さんが質問すると、このテーブルでは最高齢である李明禮《イミョンブ》さん（一九二二年生）が話し出した。

「あぁ、息子は韓国としょっちゅう行き来してるで……」。

「違うやんか。どないしたいかって聞いてんねん」。

質問を聞き間違えたらしい。鄭光子さんが割り込んで、質問を引き受ける。

「そりゃ、金あったらみんな買いたいわ。日本政府に金、貸して欲しいわ。韓国政府も二億円くらい貸してくれへん？。そういうて」。

少し、乾いた笑いが起きる。すると、なにやら反芻しているような表情で黙っていた李さんが、突然、話し始めた。

「しかし、今にして思いますけどな。三七歳で（職業）安定所に行って、七〇まで働いて、（シルバー人材）センターで七六まで働いて……」。

とつとつした口調だったが、沸きあがってくる思いが堰を切ったようだった。李さんは、苦労して育て上げた子どもたちの生年月日と、現在暮らしている場所と家族構成を話し始めた。記憶は驚くほど正確である。働いて、子どもを食べさせて、一人前にする。それは李さんが生き抜いてきた現実そのものだった。鄭光子さんが後を引き取った。

「結局、金も何もいらんねん。ここに住めるようにしてください。それだけです。この土地で現状維持。このまま……、あくまで望みやけど。実際はそんなに甘くないけど……」。

この日、集まったのは十数人ほど。KINの要請で、一世と、徴用のあった、より強制的な労働力輸入がなされた時代に渡日した人たちが中心だった。

隣の二つのテーブルには、まるでタバコからタバコに火をつけるような勢いで煙をくゆらし続けるチェーンスモーカーが何人かいた。窓から差し込んでくるほのかな陽光は、開始一時間も経つころには、白い靄を映し出していた。

真横のテーブルを見ると、仕事を済ませて駆け付けた金君子さんが座っていた。風邪をひいているといい、少し辛そうな顔をしているが、ビデオカメラを前にして、朝鮮語でインタビューに応じている。

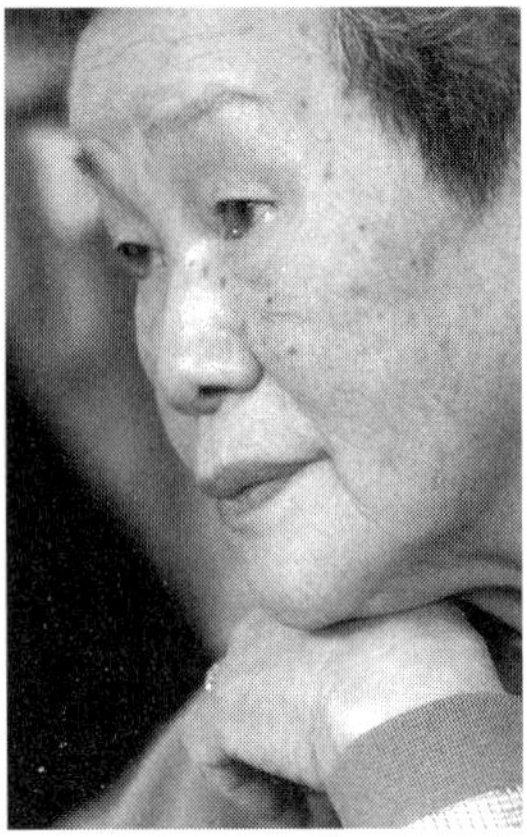
調査に協力した金さん。朝鮮語での質問を聞き漏らすまいと、真剣な表情で耳を傾ける。

しゃんと背筋を伸ばして正座し、身振り手振りを交えて話をする。ウトロにやって来た年を聞かれると、「えぇっと、昭和二一年やから」と手のひらに指で字を書いて朝鮮語で答える。年次や数字の話になると、日本語が出てくるようだった。

壁には幅約二一メートル、縦一・三メートルほどの地区全体の地図がある。五年ほど前、「守る会」が開いた住民参加のワークショップで使ったものだ。住民全員の敗訴が不可避だったころ、行政に呈示し、実現を求める「まちづくりプラン」を作成するための試みで、住民からウトロの良いところ、悪いところを挙げてもらい、紙に書いて地図上に貼り付けていった。

地図の上には、ピンクや淡い緑、水色の紙がたくさんつけてある。

「隣近所が助け合う。泥棒が入らない」。
「老人を大切にしている。近所づきあいがよい」。
「みんな顔見知り。一人暮らしでもさびしくない」。
「生まれ育った故郷。住めば都」。
「共通の歴史、体験がある」。

こんな「良いところ」が並ぶ一方で、住民が思う「悪いところ」も書き込まれてある。

「団結心がない。他人任せ。人のふんどしで相撲をとる」。

「ガラが悪い。言葉づかい、伝統、しきたり、儒教的、嫁にきつい。時間にルーズ」。

「ウトロは陸の孤島。差別地区とみられている」。

「ウトロは外から理解されていない」。

今の思いを率直に吐露したものもあった。

「ウトロ以外に行くところがない。家族でホームレスになる」。

「何とかしなければならないが、その何とかをどうすればいいのか……」。

太いマジックで綺麗に書かれた字。筆跡はみな同じだ。識字率はやはり、ここでも低い。

翌日夜に開かれた最後の交流会で「ウトロを守る会」の斉藤正樹さんは出席した住民たちに語りかけた。

「KINのメンバーに聞かれたのは、『具体的にどうやってウトロの地で戦いながら生きていくのか』ということでした。高齢化する一世の問題を中心に、『住む』ということを考えていく。これをプランとして呈示していく。ここに本当に住むことの具体的なプランを作ることが大事になってくる。『今のままで何とかして欲しい』という気持ちは確かに理解はできるけれども、それだけでは駄目だと思います」。

他郷暮らしを余儀なくされた人たちが、立ち退きの危機にさらされている。問題の根本には日本政府がその責任において行った近現代の政策がある。解決の責任を負うべきが日本政府であるのは当然すぎる道理である。ましてや、「外圧」で問題をよりよい方向に動かしていくことは、本来の筋ではない。でもその一方、一七年間、運動をしてきた人たちは、さまざまな節目となるこの年、二〇〇五年は、膠着状態にあり、打つ手もない手詰まり状況からウトロの問題を再び解決に向けて動かしていくチャンスと見ている。

その上で、そこから先を構築できないのが運動の悩みである。田川さんは「例えば韓国の要人が来て、『韓国政府として、私たちは何をすればいいのか』と聞かれた時に、住民からは、この町をどうしたいというプランが出せない。具体的に自分たちはこういう形で留まりたいから、こんな街づくりをしたいから、私たちで出来ないこの部分を支援して欲しい、がない。運動はいつもそこに戻ってしまう。分からないというのが現実」と打ち明ける。

田川さんは、かつて住民から言われた言葉を教えてくれた。

「『戦後補償』を全面に出して運動をしてた時、あるお婆さんが『でもなぁ、田川さん、戦後補償で腹は膨れんがぁ』って。おなかがいっぱいになることが歴史的に培われた彼らのリアリティーなんだと思った。もちろん、生きることは抽象的なことではないんだけど、今もウトロに残る多くの人たちにとっての現実は、昨日と同じ今日、今日と同じ明日。今年と同じ来年が続くこと。そこで具体的に今後の展望を語り合えない。これまで制度の枠外にはじかれ続けてきたからかもしれないけど、制度の中で物事を解決していくプロセスをイメージできない。このままここに暮らし続けるために、たとえば税金はどうするのか。借家になるなら家賃はどうするのか。地権者との間で、買い取り交渉になった時、お金はどうするのかとか、そういう話にはならない」。

「あんた、あとまだ一〇年も生きるつもりなん?」。聴き取りの場で聞いたこんな言葉を、私は反芻していた。異国で生き抜いてきた日々、気がつけば、将来を展望できない年齢に達していたということなのかもしれない。重ねられた時間の重さを感じさせた。

原理原則と現実との間の落とし所は、運動が持つジレンマでもある。ここに乖離が生じるのは常である。それが埋め難くなり、かつ、そこに自覚的ですらないとき、運動は得てして、支配的な発想を内面化し、体制補完的な主張を始めていくように思える。たとえば在日朝鮮人の権利伸長を求める運動の中には、入管政策を取り込み、補っているとしか思えない主張をするものも見受けられる。だとすれば、現実として次の打つ手を作り上げていくと同時に、植民地支配の歴史という問題の根元をどこまで認識し、思想的に深めていくのかが、このウトロの地における課題のような気がする。

田川さんたちは数年来、住民から聴き取りを進めている。その上で思うのは、ここが日本社会からも、そして同胞社会からも「置き去りにされた町」だということだ。

「ウトロに住みついている人たちは、大阪や京都市内の集住地域からやってきた人たちが多いように思う。結果的に、ここしか来る場所がなかった人たちが残っている。たとえば若い在日の学生さんたちがウトロを訪問し、その子たちは知らなかったことだけれど、どこか懐かしい雰囲気に触れていく。じゃあ、その子たちの親、主には在日二世くらいの世代の人たちはどうかというと、ウトロとは一線を引いている。『子孫《こまご》には違う人生を』と考えて、地域の外に出て、つらくても何とか自分自身を励まして、違う人生を歩んでいる」。

集住地域を抜け出したことで、ウトロを「視察」出来る社会階層に属し、ウトロの空気に「懐かしさ」を感じる立場にいられる……。

在日一世たちから聞くウトロは、助け合いが根づいた場所である。逆に言えば、ウトロは植民地支配という日本と朝鮮の関係、そして「内地」における経済階層の中で構造的に形成され、今も再生産され続けている最底辺の場所である。助け合いは、それなくしては生きていけないということでもあるのだろうか。「貧しいけれど助け合い、楽しく暮らす」と私たちが言うこと。ともすればマジョリティーが流されがちな、コミュニティーを美化し、自分自身の安心を求める発想を、田川さんの指摘は、鋭く問うているように思えた。

田川さんは続けた。「貧困の中で、昨日、今日、明日を必死で行きぬいてきた人たちだから、その先の、例えば一〇年先に自分がどうしてるか、子孫の代をどうするかっていう具体的な人生の展望はイメージ出来ない。これが植民地支配なんだって。植民地支配って、本当に罪深いと思う」。

アジアの東端の地、旧宗主国に暮らし、生存権を脅かされている人々の話を書きながら、私が思い起こすのは、アジアのほぼ西端で暮らしている、故郷喪失者たちのことだった。

二〇〇二年九月、私は中東レバノンで、いくつかのパレスチナ難民キャンプを訪問していた。レバノン国内には約四〇万人のパレスチナ難民がいる。一九四八年、パレスチナに暮らしていたイスラム教徒とキリスト教徒の住民に対する民族浄化と放逐の上に行われたイスラエル建国により難民となった人たちだ。二〇〇二年当時で離散から五四年、故郷への帰還どころか、イスラエル軍による暫定自治区への軍事占領が終結する目処も立たないまま、すでにレバノンでは難民の三世、四世が誕生していた。

約二〇宗派の微妙な力のバランス上に成り立つレバノン政府は、国内人口の約一割に達するパレスチナ難民の永住阻止を一貫した政策として掲げていた。「帰還の促進」を名目にして、パレスチナ難民を無権利状態にし続け、参政権はもとより、社会保障からも除外し、住居の改良や転居も認めていなかった。そして教師やエンジニア、法律家やジャーナリスト、医師など、専門職を中心に、七〇以上の職種から排除していた。同じくパレスチナ人が多数暮らす隣国ヨルダンと比較しても、その抑圧政策は際立っていた。

国内に一二ある難民キャンプのうち、私が訪問した一つは首都ベイルート郊外にある「シャティーラ難民キャンプ」だった。およそ、一〇〇×三〇〇メートル四方のキャンプには当時、パレスチナ難民、レバノンの貧困層、シリアからの出稼ぎ労働者ら約一万六〇〇〇人が暮らしていた。そのうち七〇〇〇人以上はパレスチナ難民と推計されていた。

ドブと生ゴミの匂いが立ち込める町だった。キャンプは幅五メートルほどのサブラー通に沿って形成されていた。ある日、昼前に訪れると、道が足首まで泥の川になっていた。聞けば明け方の午前四時ごろに降った雨が、いまだにはけていないのだった。

道路の両脇には、食料品や衣類、CDなど、生活用品を扱う店が軒を連ねている。三メートルほどの道を車が対面通行し、その間を人が行きかう。ごみ収集もこないため、キャンプのはずれに設けたブロックの囲いの中には、生ゴミがうず高く積まれている。

メインストリートから路地を入れば、光に向かって伸びる植物のように、コンクリートブロックを積み上げた不恰好な家がひしめいている。難民キャンプというと、テント生活を想定されるかもしれない。だが国際社会が沈黙を続けるなかで、国連決議で認められたはずのパレスチナ難民の帰還の実現どころか、国連決議を無視して続けられているヨルダン川西岸、ガザ地区でのイスラエルの軍事占領にすら終結の目処は立たずに、問題は五七年目を迎えている。そんななか、離散した「難民」は他郷に家を建てて暮らしている。

限られた空間しかないので、建物は上に伸びるしかない。継ぎ足しを繰り返しているので正確には分からないのだが、数えただけでも十数階に達している「ビル」も多かった。

シャティーラでは出入り自体は自由だったが、別のキャンプでは、入り口にレバノン国軍の兵士がつき、物資の搬入すらままならない状態だった。家の改修すら認められない。高等教育を受けても仕事はない、土地を買うことも出来ない。

「レバノンにいる限り彼ら彼女らは難民です。難民とは辞書にはない、特殊な意味を持っているのです」。

レバノン中部にある別のキャンプで会った、NGO職員、ババー・タイヤールさん(一九五七年生)はそう語った。こんな話も聞かせてくれた。ある時、難民の子どもを支援するNGOの企画で、レバノンのパレスチナ難民の子どもたちが隣国・シリアを訪問することになった。子どもたちは出国時、レバノンの官憲に国籍を訊かれた。「パレスチナ」と答えると、官憲は言い放った。「違う! パレスチナ『難民』だろうが!」。

「レバノンで宮廷暮らしをするより、パレスチナでテント暮らしをしたい」。一九八二年、イスラエルに支援を受けたレバノン右派民兵が、サブラとシャティーラ両キャンプの住民を虐殺した「サブラ・シャティーラ虐殺事件」で、一四歳と一九歳の息子二人を含む、親族一五人を亡くしたワドハ・サービクさん(一九四八年生)は語った。

だが、国際社会が沈黙と妥協を強いるなか、近年は、特に青年層を中心に、デンマークやスウェーデンへの移住に踏み切る人も増えているという[8]。帰還の望みもなければ、仕事も、社会保障もない。展望のない「難民」としての生に見切りをつけ、北欧に新天地を求める若いパレスチナ人たち。ババーさんはこの状況に危機感を抱いていた。

植民地主義と反ユダヤ主義を背景として生まれ、半世紀以上にわたり、再三に渡る虐殺にさらされてきたパレスチナ難民。日本の植民地支配によって生まれ、一〇〇年以上も、常にその存在を否定され、消し去られようとしてきた在日朝鮮人。そこに生きて暮らすことすら否定される、歴史の証言者たちの現実は、どう重なり、違っていくのか。そこからどうやって、次代を開く言葉を紡ぎ出すことが出来るだろうか。

（1）土地明け渡し訴訟の裁判記録や訴訟をめぐる新聞報道。さらには「京都ウトロ」ホームページ http://www02.so-net.ne.jp/~utoro/ など参照した。

（2）同町とその周辺では、マンガンやタングステンの採掘が行われていたが、ここで出てくる場所がどこかは特定出来なかった。

（3）旧植民地出身者が「日本国臣民」であった時代の法律（旧法）が国籍剥奪後六年間、改定されなかったため、金さんの夫が事故に巻き込まれた当時は、自治体が条例で定めていない限りは法文上、国民健康保険に外国人は加入可能だった。しかし制度自体が申告によるものだ。加えて掛け金の負担も大きな問題で、多くは入っていなかったとみられる。金さんも未加入だった。そして一九五八年、国民健康保険法の改定により、外国籍者は制度から除外となった。自治体が条例で定めれば恩恵的に適用可能とされたため、いわゆる「条例国保」を求める運動が展開された。外国籍者には医療を受ける権利も認めないという日本政府の姿勢は、日韓条約が締結された一九六〇年代後半まで続いていた。

（4）金さん（一九二八年一一月生）の場合、一九八六年四月に、いわゆる「カラ期間」の適用を受けたと仮定すると、一九八八年一一月には六〇歳に達する。その後、任意加入の限度（六五歳）まで支払い続ければ、トータルの掛け金は七六万一一〇〇円。受給額は年間二〇万七〇八〇円になる。日本人には適用された無拠出制年金「老齢福祉年金」の約半額にしかならない。

（5）土地の所有権を巡っては両者の間で訴訟が起きている。大阪地裁では大阪市内の個人が勝訴したが西日本殖産側が大阪高裁に控訴し、二〇〇五年四月現在で係争中。

（6）二月一〇日付韓国紙「中央日報」（日本語版）。

（7）「ベイト・アトファール・アル＝ソムード」（「パレスチナ子どもの家」の意）。一九七六年八月、レバノンの首都ベイルート郊外のパレスチナ難民キャンプが半年に及ぶ包囲攻撃を受け、住民約二〇〇〇〇人のうち約四〇〇〇人が殺害された。ベイトはこの「タッル・ザァタル虐殺事件」の遺児を支援するためにできた。暮らすパレスチナ難民の貧困層へのソーシャルケアに取り組んでいる。レバノン政府はNGOの代表をパレスチナ人が務めることも認めていないといい、代表者はレバノン人である。中村一成「サブラ、シャティーラ　もう一つの9・11——パレスチナ難民虐殺事件」『部落解放』（解放出版社、二〇〇三年二月号）、中村一成「レバノン9・11」『記録』（アストラ、二〇〇二年一二月～二〇〇三年五月）。

（8）デンマークでは二〇〇五年の総選挙で、厳しい移民規制の導入を掲げた中道右派連合が勝利した。

Ⅵ章

許されへんことがいっぱいあるねん

玄順任さん

白と黒の格子柄の割烹着をまとった彼女は、背筋をすっと伸ばして正座し、私を見つめている。私の質問を聞きながら途中で「はい」、「そおです」と短い間隔で合いの手を入れたり、時にはやや荒々しく「えっ！」と声を入れ、私の意図を掴もうとする。机の上に両肘を付け、時に指を組み合わせながら問いを聞き終えると、はっきりとした、よく通る声で話し始める。何度も会ってはいるのだが、話をしていると、いつも質問をする私自身が彼女に問いただされている気になってくる。

玄順任《ヒョンスニム》さん。京都訴訟団の原告団長である。解放直後に在日朝鮮人が結成した在日本朝鮮人聯盟の時代からの根っからの活動家でもある。やや短い頭髪はウェーブがかかっている。私が家にあがるとすぐにお茶を出してくれる。湯呑みの中身が減ってくると、話を中断し、すぐさまコーヒーが出てくる。てきぱきとした動作で、訪問者への「もてなし」に神経を使う。

何度も講演をした経験があるという。言葉を整理して、相手に伝えることに慣れている面もあるようだ。たとえば話の時系列について、私からいく通りもの質問を繰り返して確認する必要があまりない。場所についても、建物や通りの名を具体的に挙げながら、私をそこに連れて行ってくれるような説明をしてくれる。口調は京都弁のイントネーションそのもの。彼女が口にする「そうです」は、私には限りなく「そおどす」に聞こえてしまう。

言葉を選びながら、自身の見聞きしたことを話す。ところどころで話は同胞のエピソードに流れ込み、誰がそこにいて、誰がどうなったのか、主語が話の中にとろけていって、見えなくなる。話の一つ一つは、強い口調で吐き出される。そして、「私はこれが許せへんちゅうねん」や「私はそれが腹立つねん」で結ばれていく。

質問を受け止める玄順任さん。裁判は「堪えてたことを言う機会が出来て嬉しい」という。

玄さんの話のなかでは、主語がごちゃ混ぜになっていく。玄さんが混乱しているのではない。訊き返せば具体的な主語は出てくる。だが、彼女にとって主語はあまり重要ではないのかもしれない。おそらく、話している時、彼女は、話されているその場にいるのではないか。自分と分かち難く結びついている民族という「共同体」が受けた苦難の歴史のその現場に。事実関係の上からは問題があるかもしれない。しかし、彼女にとって他の同胞の話は、彼女の話、彼女にとっての真実でもあるようだった。

歴史的な不正を朝鮮人の立場から切れよく断罪する。言い換えれば、分かりやすい話が続いていく。時々、笑みを浮かべ、「私、言い過ぎですか？　間違ったこと言うてますか？」と言葉を挟み、私の表情を覗き込む。それは、私の意見を求めたり、表情をうかがっているというよりは、自らの、そして朝鮮の正当性を、まるで礫のように投げつけ、「ちゃんと受け止められてますか？」と声をかける、そんな感じだった。

「被害者が悪くて、加害者が正しい。私らはずうっと、被害者が悪い、チョーセンが悪い、と言われ続けてきたんです」。彼女が何度か繰り返した言葉だった。彼女たちが在日し続け、そのなかで謝罪と補償を受ける正当性。それは、彼女たちが物心ついた時から今に至るまで否定され続けてきたものだ。

玄順任さんは一九二六年、光州市の田舎町で生まれた。「水路も小屋も、田園風景も、ぜんぶ記憶の中にある。そやから今も田舎風景が大好きです。テレビコマーシャルで田舎の景色が流れてたら、他に見たい番組あっても見てしまいます」という。一歳八カ月の時、既に京都で働いていた父に呼び寄せられた母に連れられ、姉と三人で海を渡った。三年後、弟を生んだ母の産後の肥立ちが悪く、玄さんは母と姉、弟で一時、故郷に戻り、祖父母の家で七カ月間、生活した。その時が玄さんにとっての幼少の記憶である。

「ハラボジは毎日、同じ話を聞かせてくれた。姉と弟は飽きて、逃げるけど、私は大好きだった。田舎なので時間はあって、一日中、ハラボジの話を聞いていた」。内容は歴史の話だった。「膝に私をちょこんと座らせて、朝鮮人の歴史の話を聞かせてくれた。あれが自分の財産になってます。それから日本に自分の財産が没収された話とかもしてた。『朝鮮人は侵略も植民地支配もしたことはない、清く、正しい民族だ』って。あれが私に染みついてます。毎日、ハラボジを見つけては、『続きを聞かせて』って頼むんですわ。ハラボジも『昨日はどこまでやったかな』とボケてみる。多分、ハラボジも楽しみだったんだと思います」。

楽しくのどかな暮らしを終え、玄さんは京都で働く父の元に戻った。既に京都で生活基盤を築いていた父は、馬車で精錬会社と紡績会社に石炭を運ぶ仕事をしていた。「私の父は信頼があったんで、まもなく御影橋（京都市左京区）にあった社宅をあてがわれたんですわ」と玄さんは言う。「父」の発音は、特に京都弁のイントネーションが強く、耳に残る。

一九三二年の話だった。「一〇軒二階建ての長屋でしたけど、朝鮮人が入ると、他の日本人は出て行くんですわ。朝鮮人は悪い奴や、って言われてるから日本人が出て行く。同じ蛇口もトイレも使わんのです。当時はそうでした」。

空き家ができると、同郷人が父に口利きを頼みに来るようになった。よほどの保証人がいなければ、朝鮮人が借家を得ることは困難だったという。今も厳然と存在する入居差別である。

紡績会社は玄さんの父が保証人になることを条件に、それを認めた。そして玄さんの同郷の人たちは、次々と長屋に入った。

「日本人が出て、朝鮮人が住んで、家族を呼び寄せるんですわ。その繰り返し。一年もせんうちに、朝鮮人部落になりました。一軒だけ残してみんな出て行ったんですわ。今でも覚えてます。一軒だけ残った家に同じ年頃の女の子がいたんですけど、親が『朝鮮人と遊ぶな』って言うて、家に表から鍵かけて閉じ込めて、二人とも仕事に行くんですわ。ひどい話です。私らが遊んでたら、家の中からどんどん扉叩いて、『私も入れてぇ』って泣き叫ぶ声が聞こえるんです。そんでもよその家、開けるわけいきゃしませんやろ」。

体調が回復した母親は、土木工事に使う砂利採取の現場で腰まで水につかりながら働いていたという。妹も生まれた。両親は懸命に働き、子守は玄さんの仕事だった。

いわゆる「向こう三軒両隣」は同じ村出身の同胞だったが、そこを一歩出ると、待っていたのは日本人の子どもたちによるいじめだった。

「おつかいで外に出たら、日本人の子どもがいっぱいいてて、『チョーセン、ナップン、帰れ』、『チョーセン、ナップン、帰れ』の合唱ですわ。言葉だけやなしに、髪の毛つかんで引き倒されて、踏みつけられたりもしました。ナップンは朝鮮語で『悪い奴』の意味ですわ。何で子どもが朝鮮語の単語知ってたですか？　新聞に出すんですわ。チョーセンが悪いって。それを見て、親が子どもにナップンって教えるんですよ。当時はナップンって、日本人も知ってました。べルを腰に付けた新聞売りが売ってまわる新聞に、チョーセンが悪いって書いてるんです。この近所にもいまだに新聞で事件が出ると、『チョーセンと違うか』って言ってくる人もいましたわ。最近亡くなりましたけどね」。

そして玄さんは、机の上に置いた左手の甲から右手で皮をはぐ動作を繰り返し、机を叩きながら言った。「日本はいまだに朝鮮人に張ったレッテルをめくってくれへん。いまだに。帰化せんと、いまだにあかん」。

おつかいに行くたびに同じ目に遭った。「なぜなのか、何か悪いことをしたわけでもないのに、どうしてこんな酷いことされるのか分かりませんでした」。玄さんは母親にすがり泣いた。父親の足にもしがみつき、「朝鮮に帰ろう」と泣いたという。何度も泣くと、父はある日、玄さんをひざの上に座らせ、言ったという。「……もう帰るとこはないんや」。

もともと玄さんの家は広大な耕作地を持っていた農家だった。日本が朝鮮を自国の領土とした一九一〇年に始まった土地調査事業を経て、土地の八割近くを失ったのだった。残った土地で米を作っていたが、供出に加え、五〇種類を超える税金の負担が圧しかかった。

「秋に供出した時は、『これでお前のとこ食べていける』って言われたのに、その後に続けさまに『税金払え』やったそうですわ。それで父は盾突いたんですわ。『そんなものね、これでお前のとこ食べていけるというといて、なんで、供出だせ、税金だせいうたら、何食べていけというのや！』って。そしたらすぐ日本人に連行されて拷問ですわ。

もう半死半生の目やったそうです。それでも足らんと、保証人立てて借金してでも税金払え、って言うたそうです。それで父は、『そんな返すあてのない借金して人に迷惑かけられへんからようしません』って言うたそうです。そしたら『いい金儲けあるから日本行って働いて税金払え』と、こうなったそうですわ」。

いじめは相変わらず続いた。玄さんの母親は日本語をほとんど解することが出来ず、日本人相手のおつかいは玄さんが行かざるを得なかった。事件はそんな矢先に起こった。父の紹介で同じ長屋に住んでいた男性が呼び寄せた子どもが、奉公先の悉皆屋《しっかいや》で窃盗の嫌疑を掛けられ逮捕されたのだった。

玄さんが聞いた事件のあらましはこうだった。先輩格だった日本人の奉公が盗みをしていたのを見つかり、朝鮮人である少年に自分のしたことをなすりつけたのだという。

『『チョーセンがやった』って言われたらもうあきません。警察はチョーセンは信じてくれやしません。男の子は三年の懲役終わって、『もうこんなとこ、いたくない』って帰ったそうです。」

少年の身元保証人だった玄さんの父は下鴨署に連行された。同署は、同志社大留学中、ハングルで詩を書いたために、治安維持法違反罪（独立運動の容疑）で有罪判決を受け、獄死した朝鮮の詩人、尹東柱《ユンドンチュン》（一九一七年〜一九四五年）を逮捕、その詩を押収した警察署である。

「理由」は分からないが、父はそこで激しい拷問を受けた。警察から父を引き取りに来いとの連絡を受けた時、家にいたのは玄さんと母だけだった。姉は既に織物屋に奉公に出ていた。日本語が分からない母とともに玄さんが下鴨署に行くと、出てきた警察官に怒鳴られたという。「『女子どもで持っていけるわけないやろっ！』て。で近所に住んでた親戚二人に行ってもらったんですわ」。担架代わりの戸板に乗せられ、父が帰ってきた風景は今も鮮明に覚えている。「出迎えに走っていったら、もう体中、痣でまっくろ。何されたんかは分かりゃしませんけど。泣きながら、運ばれていくのを見てましたわ」。

激しい暴行に気を失う度に、バケツの水をかけて延々と続けられた拷問のすえ、意識が回復しなくなった父は、瀕死の状態で「釈放」されたのだ。

「親戚も『もう死んでるさかい』って。貧乏で医者にもかかられへんっていうて、ひょっとしたらいうて、やったんは酢です。食べる酢ですわ。酢を家から一升瓶持ってきて、口に含んでぷーぷーって、霧にして吹いたんですわ。そうしたらちょうど、一升瓶が空く頃に息、吹き返したんです」。

回復には三年かかったという。いかに激しい暴行を受けたかを示して余りある。働けねば家賃も払えない。社宅は出ていかざるを得なかった。左京区内の被差別部落にあった木造家屋に家族五人で転がり込んだ。一階の共同炊事場で炊事をし、二階の二畳間で、家族五人が雑魚寝した。玄さんは、仕事で手いっぱいの母親の代わりに家事をし、妹と弟の面倒をみた。「二人にとって私は母親代わりだった」と、玄さんは述懐する。玄さんが小学校一年を前にするころ、就学通知が来た。しかし両親には、玄さんを学校に通わせるだけのゆとりはなかった。近所の朝鮮人の家庭でも、経済状態によっては、子どもを学校に行かせる家もあった。通学する子どもを見て、羨ましくて、たまらず泣いたという。玄さんの場合、泣くだけではなかった。

「……。私、ハンストしましてん」。少しためをつくった後、玄さんは笑って言った。「一週間、布団被ってなんにも食べませんでした。そしたら父は私に謝りましてね。『税金払わんとあかんねん。自分が朝鮮の文字は教えるから勘弁してくれ』って。で、ダンボールに朝鮮の文字を書いてくれました。『朝鮮人は朝鮮の文字と言葉を知ってたらええねんで』って。あれを私は今でも覚えてるんです。それで朝鮮の文字は覚えました。でも私には、あまりにも学校への憧れがあった」。

玄さんは、小学校が夏休みになる時期、学校に通わせてもらっていた近所の朝鮮人の子から教科書を借りて、自分で勉強した。

「『二学期は違う教科書使うから、もう返さんでえぇで』って言うて、教科書、私にくれましてん。うれしかったどす。それで最初はカタカナです。『サイタ、サイタ、サクラガサイタ』とか『コイコイ、シロコイ、テッポウカツイダ、ヘイタイサンガ、クル』とか。それが一年生の一学期ですわ。ひらがなはその次、カタカナと引き比べて覚えました。漢字も昔は、振り仮名振ってあった。書くの？　書くのはその時はできませんでした。書く暇、ありゃしませんがな。書こうと思ぅたら弟が来る。読むのは弟が寝てる隙。あとはトイレですわ。家事と子守の合間にトイレで教科書、納得いくまで読みましてん。私の学校はトイレでしたわ」。

「分からんことあったら、父にも聞いたりしました。『左から書いたらあかんで』とか。父が教えてくれた朝鮮の文字と言葉、ハラボジが教えてくれた歴史、それから私が自分で勉強した日本語。これが私の学習のすべてです」。

一九三八年、母親が亡くなった。渡日後は税金を払うため、働きづめだった。この年一月に五人目の子どもを産んだ母は、その後も腰まで水につかりながら砂利採取の仕事を続け、持病の心疾患を悪化させたのだった。五番目の子どもも五〇日を待たずに亡くなった。玄さんは、母は父の代わりだった、下鴨署で拷問された時、死ぬはずだった父親の代わりとして逝ったのだと信じているという。

その三年後。アジア太平洋戦争が始まった年だった。朝鮮のハラボジが重病との連絡が入り、父は単身、故郷に戻った。だが、ハラボジの病は嘘だった。

戦局が泥沼化するにつれて、朝鮮では一般家庭にあった金属類も軍事転用のために拠出させられ、玄さんの家にあった金属類も食器に至るまで無料で没収された。玄さんの父は、ハラボジの前妻の子どもになる。祖父の現在の妻（玄さんからみれば義理の祖母）が、玄さんの父がいない間を見計らい、勝手に財産を処分したと誤解されては後々、困ると考えて、朝鮮の親族たちが虚報で玄さんの父を呼び寄せ、事情を説明したのだった。

ほどなく家に戻った父から玄さんが聞かされたのは、宗主国の政策によって、収奪しつくされ、破壊しつくされた故郷の風景だったという。

自身と家族の歴史から、朝鮮人の苦難。いまだ正されない不正への怒り。話は滔々と続く。

「綿花を植えることを命じた畑には綿以外のものは一切植えさしゃしません。一面を綿畑にしたそうですわ。でも、食べていかなあかんのです。それで畑の端っこに野菜を植えると、日本の警官がやってきて『抜きなさい』と言っていく。それでも抜かないと、朝鮮人に命令して、抜かせるんです。朝鮮人にやらせる。抜いただけやったら、あとで拾うて洗ったら食べられますねん。そやから絶対に使い物にならんようにするために、道に叩きつけて、何度も踏みつけたそうですわ」。

戦況は悪化し、各地で空襲が続いた。父は日本での生活に見切りをつけ、解放直前の一九四三年、玄さんの弟、妹を連れて三人で帰国した。だが、玄さんは帰国しなかった。姉のつてをたより、既に織物の世界に入っていた玄さんは、複数の知り合いから借金をして、帰国する父に現金を渡し、弟と妹には新しい服を買ってあげた。そして、その借金を返すために自分は日本に残ったのだという。

韓国に戻った妹は今も健在で、二〇〇一年、南北首脳会談を受けた故国訪問団の一員として玄さんが訪韓した際、五八年ぶりに韓国で再会した。韓国訪問が決まった時、玄さんは親戚に宛てて、存命の妹への手紙を送った。「最初は拒否されましてん」と玄さんは話した。長く軍事独裁政権が続いた韓国で、きょうだいたちは当局にマークされる存在だったという。

「弟はそれで追いかけ回されて、心労で寿命を縮めたんです。私のことが原因かて？……そうどす。『アカのきょうだいのおる人間やから、お前もアカやろ。何か政府にとって、良からぬことを考えてるに違いない』ってね。私は朝聯の時代も集会に出る程度やったのに。総連の役もやってないのに。結局、弟は最後、日本にいる私のことを『もう死んだ』っていうて、死亡届だしたそうです。それくらい、嫌がらせされたらしいどす」。

再会は叶わないかに見えた。「それで妹の息子が妹に言うたらしいですわ。『お母さん、ほんとに会いたくないの？』って。そしたら『死ぬほど会いたい。でも後が怖い』って答えたらしいです。それで、『金大中が大統領になってからそんなことはないから』って説得したらしいですわ」。

電話があったのは出発直前だった。「妹の息子から電話がかかってきて、夫の名前を言うてかけてきたんどす。私の息子が取ってね、『韓国から電話』っていうから私、もう電話に飛びついてね、もう二人とも、言葉が震えて、会話にならんかった」。

お互い顔も分からなかった。そこで玄さんは妹に、互いの名前を書いた白い布を持ち、空港で落ち合うよう手紙で提案した。

「仁川空港に着いたんですけどね。ところが私ら、お互いに見落としてしまいましてね。ホテルに行くバスに乗って外を見たら、白い布を両手で広げて、バスの周りを走り回ってる人がいたんです。妹ですわ。窓叩いて、もう、『ここやーっ！ ここにおるーっ！』てね。妹はバスには乗れんかったけど、後でホテルに来てね……」。玄さんは昨年も、韓国に行ったという。

織物の世界への憧れは、姉を通して膨らんでいた。姉が奉公に出た後、玄さんは月二回、母からの差し入れを姉に手渡しに行っていた。

「甘辛ぁく炒ったスジ肉を弁当箱に入れて、キムチと一緒に持っていくんです。その時に見た織物、子ども心にも綺麗だと思うてた」と玄さんは言う。

織り子は、技術さえあれば食べられるという現実的な選択でもあった。京都の地場産業であり、「和」そのもののイメージが強い西陣織だが、腕があれば仕事は回ってくるという理由で、原料準備などの末端労働に従事している在日朝鮮人は多い。在日外国人「障害者」無年金訴訟の原告団長、金洙栄さんも、かつては織子だった。金さんの工場には今も機械はあるが、仕事がないため人に貸している。末端の労働のため、和装業界の不況が直撃するのだ。不安定な職種だからこそ、在日が入り込める余地が生まれるという構造がそこには、ある。

玄さんにとって幸運だったのは、最初の勤め先が織りの工程のほぼ全てをカバーする事業所だったことだ。二〇ほどの工程から成る西陣織は、基本的に工程ごとに事業所が存在し、徹底した分業で生産性を上げる。しかし、玄さんの事業所はそのほぼすべての工程を守備範囲にしていた。当時としても珍しい事業所だった。玄さんは、「学ぶ」ことへの欲求が人一倍強かった。

「性格的に自分のとこだけで済みやぁしませんねん。他の工程も覗いて、教えてもろうて、やらしてもらいましたわ。ほんで一通り覚えましてん」。

戦況の悪化に伴い、最初の事業所は閉鎖になったが、すぐに次の職場につけた。「西陣の人から『もっと本場のこっちに来て織らへんか』って誘ってもらいましたわ。手旗織なんかもしました」。

今でも織ろうと思えば織れると、玄さんはいかにもこともなげに言った。その「こともなげさ」に、玄さんの職人としての自信と、自らの人生に対する誇りが表れていた。

やがて戦争は終わり、朝鮮は解放された。その後、玄さんは結婚する。相手は労務供出として強制的に連れてこられ、一九四三年に渡日、軍需工場で働かされていた男性だった。

日中戦争が長期化、戦域も広がっていくなか、日本では働ける世代の男性を戦場に駆り出し続けることで、内地での労働力不足が進行していた。その結果、食料生産の不足も深刻化し、それに伴い、植民地朝鮮では一九三九年から二つの供出によるいっそうの収奪の強化が始まる。一つは、食料の供出である。米の場合、生産高に占める供出量の割合は、一九四〇年に四二・八八％であったのが、四三、四四両年になると、実に六割を超えていた。そして、もう一つは、炭鉱や土木工事、さらには軍需工場への労務の供出、いわゆる強制連行だった。

植民地、支配地域からの労働力輸入の強化は、一九三九年当時、約九六万一五九一人だった在日朝鮮人の数を一九四五年五月の推計数二一〇万人にまで押し上げる。五年間で一〇〇万人余りの増加である。厚生省労働局の発表では、うち約六六万七〇〇〇人余りが強制連行だった。四〇万人近くが炭鉱や金属鉱山で地下労働に従事させられ、約一〇万七〇〇〇人が軍需工場および、その関係施設の建設工事に振り分けられたと、前述した朝鮮近現代史の研究者、姜在彦さんは述べている。(1) 背景には、統制団体の政府への要望があった。経済団体の要望で、労働力としての「外国人輸入」に踏み切ろうとしている今の日本政府とどこか似ている。

支配／被支配の関係の中での「意思」ですらなく、強制的に内地に連れて来られた六六万余りの人々。玄さんの夫もその一人、徴用工だった。

「七人きょうだいの長男です。お母さんを早く亡くしてて、父親は病弱やったから、早くから働いていて、一家の大黒柱でした。そんななかで徴用という知らせが来たんですわ。当時、徴用いうたら、逃げられへんのです。軍隊で赤紙が来たら逃げらりゃしませんやろ。それといっしょどす。夫が連れて行かれたら家は大変ですわ。主人の父が『家の大黒柱やから堪忍してくれ、助けてくれ』いうたんですわ。そしたら日本人が『この非国民』いうて夫の父を蹴り飛ばして、両脇抱えて連れて来たそうどす。まさしくそれは拉致やないですか」。

夫が連れて行かれた先は大阪府枚方市。当時、火薬や弾薬の製造工場があった地域である。

「年中無休、無月給ですわ。お正月には一泊二日で伊勢神宮に参拝ですわ。朝鮮では正座は誰もできしまへんのに正座させられて、痛いから動きますやろ、そしたら長い棒もってきて叩かれたそうですわ。お粥をすすらされて、音がしても叩かれたいうてね、『あれが悔しかった』って、よう言うてました」。

一九二〇年、三〇年代に渡日し、帰るべき故郷を失っていた人と違い、一九三九年以降に強制連行された人たちの多くは、朝鮮に生活基盤が残っていた。そのような人たちは、日本の敗戦で奴隷労働から解放された後、ほとんどが朝鮮に帰ったという。その意味で、解放後、帰国しなかった玄さんの夫は珍しい存在である。

「舞鶴港に結集させられて、船待ってたんですけど、着の身着のままやったそうです。『これで帰っては、父やきょうだいに合わせる顔がない』と、言うてみたら脱走したんですわ。下着同然の姿やったそうです」。

夫は京都に来て、自分の親戚のつてを頼り仕事を探していた。そこで、玄さんの親戚と出会い、結婚することになったのだという。

最初は夫が土地勘を持っている枚方に住んだ。土木作業で生計を立てようとしたが、それすらもままならず、ほどなく二人は京都に来た。

「『西陣に行ったら仕事ある。習うたらえぇねんから』って声かけましたんや。私が教えてやっていく、って」。そして玄さんは意味深な笑みをたたえつつ言った。「まぁ、女が旦那に教えるのは色々、むずかしいことがありましたわ」。

二人で機織りを始め、一九四七年三月三一日に現在の住まいに落ち着いた。これも玄さんの経験がものを言った。三〇〇〇から八〇〇〇の経糸を使う西陣織で、経糸を作る作業「整経《せいけい》」

をする職人は少なかった。一通りの工程を知っている玄さんは、二人の作業をこの工程に特化したのである。

『うちの仕事専門でやってくれるんやったら、家貸します』と言ってくれる人がいましてん。とはいえ、木造平屋どす。角の壁が落ちて、人が出入りするくらいの穴が開いてましたわ。初めは板張って暮らして、ある程度余裕が出たら直して、買い取って、それから二階建てたんですわ」。

玄さんの家は西陣の北西の一角にある。軽乗用車がやっと通れるような路地を歩くと、ところどころから機を織るリズミカルな音が聴こえてくる。

夫と二人、働きづめの毎日のなか、玄さんは、時間が許せば、朝鮮聯盟の集会にも出席した。植民地支配からの解放直後、一九四五年一〇月に結成された在日本朝鮮人聯盟である。朝聯は傘下に、在日本朝鮮学生同盟（朝学同）、在日本朝鮮民主青年同盟（民青）、在日本朝鮮民主女性同盟（女同）を持ち、新国家の建設をスローガンに掲げると共に、解放民族としての自決権を求め、民族教育や、未払い賃金の回収、帰国列車の運行などをしたという。また、翌年のメーデーやデモにも参加し、そこに暮らす人間として、日本社会を自分たちの住みよい社会に変革しようとする運動的側面も有していた。

朝聯指導部の多くは共産党員だった。朝聯の指導者の一人で、後に北朝鮮に渡り、消息を絶った金天海《キムチョネ》は、一九四五年一二月、日本共産党の第四回大会で中央委員に選出されている。朝聯と再建期の日本共産党との関係は深かった。そして朝聯は、阪神教育事件など、東西対立を背景としたＧＨＱの在日朝鮮人への敵視政策と、それに乗った日本政府の弾圧が執拗に加えられ、一九四九年九月、破壊活動防止法の前身である団体等規制令の指定を受けて解散させられている。ちなみに全国の民族学校弾圧と朝聯の解散、財産没収にともなう賠償は、今もされていない。それどころか被害総額自体がいまだ明らかにはなっていない。

戦後の一時期、朝鮮人の運動が日本共産党と深い関係を持っていたことについて玄さんは、

「朝聯は我慢すること、多かったと思います。貧しい国ゆえどす。貧富の格差をなくす理想として社会主義があって、それを共産党から学ぼうと思って妥協していたのだと、私は個人的に思います」と語る。一方で、そこでの縁もあってか、玄さんは、日本共産党の存在それ自体にはシンパシーを感じていたという。

「戦争中は私ら、どちらかというと隠れた存在でしたやろ。共産党も非合法にされていたから、なんか、似たもの同士みたいな気がしてね」。

戦後は選挙運動をしたこともある。

「自分の用事すんだらね、メガホン持って、共産党の人に入れるよう、回ったりもしました。ビラとかポスターとかですわ。それ見つかったら放りこまれますねん。そやから子どもに糊の入れもん持たして、私が紙もって、さっと糊つけて、紙貼って回りましたわ」。

ビラ貼りで党員が検挙されたことに抗議して、他の党員と一緒に地元警察署に押しかけたこ

ともあった。

「下の子が生まれてすぐの時でした。負うて行きましたわ。私、話してると声、大きなりますやろ。ほんでいつのまにやら私をみんなが取り囲むみたいな形になって、気ぃついたら私が中心になって警察官に抗議してたんです。そしたら他の警察官が写真を撮ろうとするんです。思わず、さーってしゃがんで写らんようにしてね。子どものネンネコも柄、覚えられてたら困るから裏返して家まで帰った記憶もあります」。

子どもは三人いる。長女は幼稚園から、長男と次男は日本の小学校を卒業した後、民族学校に行った。長男には小学校六年の時に説明をし、どちらの学校に進むかを聴いたという。

「私はね、『お前はチョーセンや。小学校出たから意見聴いてから決める。日本の学校にも申請はしてる。朝鮮人であることはごまかしきれへんで。お前はあくまでチョーセンなんやで』って言ったんです。お金もかかるけど、朝鮮人はあくまで民族意識持ってもらわんとあかんし、国のこと知らんと困ると思って。朝鮮人の学校あるのに教えへんのはあかん。後で『ぼく（民族学校があったことを）知らなんだ』って言われたら、親としてあまりに無責任やと思って。朝鮮人は朝鮮人らしい教育してもらいたくて」。

教えるのは親の責任。歯切れよく言いきれる玄さんのストレートさと、ある種の「後の無さ」は、私の生い立ちの中にはなかったものだ。その「正しさ」に、そして、切れすぎる言葉に、私はどこかしら、突き放されるような困惑を覚えてもいた。

「チョーセン」。玄さんの口からこの言葉が発せられる度に、私は身のすくむような思いをしていた。私自身、何度も聞いた音だ。それは学生時代であったり、日雇い労働をしていた時代だったりした。侮蔑的な意味以外でこの音を聞くことなどまずなかった。そこにいる人が全員、日本人であることを疑わないような人々が使う言葉ゆえ、侮蔑や嫌悪の感情は、より露骨だった。絶対的に相手を自分の外部に追いやり、重なることのない存在として相手との間に線を引き、越えられない線の向こうに相手を貶める短すぎる言葉。「鮮やかな王朝」という、本来、美しい意味を持つ言葉が、どうしようもない深みで人を蔑む音にされたことが、私は恐ろしい。今でも特段の必要性がない限り、私は自覚的に「チ」の音にアクセントをつけて、音引きになりそうな部分を「う」と強調して発音する。その上でも後ろに「籍」とか「学校」「語」が付く場面でないと、脈拍が上がるような緊張感を覚える。

最初、玄さんの口からこの言葉を聞いた時、私は、幼少から投げ付けられた言葉を彼女は取り込んでしまっているのかとも考えていた。だが、何度も会ううちに、私の認識は変わっていった。「お前はあくまでチョーセンや」。確かにこのイントネーションは、玄さんが物心付いた時、近所の日本人たちに、時として身体に及ぶ暴力を振るわれながら聞かされ、これまでの在日生活で、何度も聞かされ、耐えるしかなかった経験を思い起こさせる音のはずである。「チョーセン」の音、それは、彼女にとって、「在日」の意味が凝縮された言葉だったのだろう。息子に選択を促した時に発したこの音で、玄さんはこの国で朝鮮人として生きることの意味と、覚悟を子どもたち教えようとしたのだと思う。

玄さんは五〇歳のころ、近所の同胞たちと、区役所に年金の申請に行った経験がある。

「担当者は『国籍が違う』ばかりでまともな説明もありませんでしたわ。それっきり。入れへんもんやおもてましたわ」。

一九八一年、日本が難民条約に加入、それに伴い、国籍条項は撤廃される。だが、その記憶はほとんどないという。夫が入退院を繰り返していた。

「病院では癌て診断されたけど、手術したら癌とちがいましてん。胃の裏の血管に穴が開いて、血が漏れてました。出血が酷くて、一六人分、輸血したんです。それで肝炎で亡くなりました」。六二歳だった。

「『何が忙しうてそんな早よう逝ったんやぁ』って、もう、叫びましたわ。印象？ありすぎるけど、いつでも自分の親きょうだいのことばっかり考えてる人でした。日本に残ったのも、財産作って帰って、親きょうだいに楽させてやりたいと思うたからです。おとなしくて、手が器用で、ほんま何でもできましたわ。『余裕が出来たら村に帰って、親きょうだいにしてやれんかったことしたい』ってよう言うてましたわ。もし、そうなったら私、従うつもりでした…」。

残ったのは虚脱感だったという。夫が亡くなった後は、支払う力がないと、社会保険もやめた。一九八五年、前述の「カラ期間」と呼ばれる経過措置が在日にも適用され、玄さんも加入の道が開けたが、気付いた時、すでに期間は過ぎていたという。当事者たちからの要望で、一九九九年から京都市、二〇〇四年から京都府が無年金高齢者への特別一時金制度の導入に踏み切ったが、あくまで完全に制度から排除されていた無年金者が対象で、玄さんのように、一九八六年四月の段階で六〇歳を超えていなかった人たちはその支給対象からすらも外れてしまう(2)。

二〇〇五年一月、私にとって何度目かになる玄さん宅は、三人での訪問となった。一人は「エルファ」の職員で在日高齢者無年金訴訟の事務局を務める鄭明愛《チョンミョンエ》さん。そしてもう一人は、ソウル大学の院生で、英オックスフォード大から立命館大の客員研究員として滞日していた韓国人の大学院生、李賢鮮《イヒョンソン》さん（一九七七年生）である。鄭さんとは二回目になるが、李さんとの訪問は初めてだった。

李さんの父は、韓国の社会学者で、戦後世代の民主化運動に携わっていた。その父の影響で李さんも社会学を専攻している。旧宗主国、旧植民地で現代も続いている植民地主義とその影響について、東アジアをフィールドに調査をしようとしていた。いわゆる「ポストコロニアリズム研究」である。彼女によれば、欧州でのポストコロニアル研究は、欧州と中東、アフリカの関係で捉えられるのが主で、近現代の日本と、北海道や沖縄、台湾、朝鮮の間での侵略と支配といった、東アジア内での植民地支配については、余り認知されていないという。

ソウル大時代、彼女は韓国に「留学」していた在日朝鮮人との出会いを通じ、「在日」についての自身の無知を痛感させられたという。父親が日本での留学経験を持っていることもあり、李さんは、在日朝鮮人にとっての国籍とアイデンティティーを考えるため、東九条エリアを拠点にして、聴き取りをしていた。

李さんが自己紹介すると、玄さんはとつぜん立ち上がり、奥の間から紙を持って来て、机の上に置いた。「一つみてもらいますけど、ある場所で、自分の子どものころのことを語ってください、といわれて語ったことありますねん。それをテープにとって、こないして残してあるんです」。それは、二〇〇四年八月、旧知の元共産党市議に請われ、高齢者の平和学習会で玄さんが話した時の採録だった。タイトルは「植民地支配の根性、まだ抜けていません」。玄さん自身の生い立ちと、未だ植民地支配の清算をしない日本の政治家を批判している。演題同様に、歯切れのよい、突きつけるような内容だった。

「これ、孫に見せたら感動してた。孫が凄く感動してたわ。ほんで私、話すことになったんで、どうせいうなら自分の国をアピールしようとした。で、最初に、『私はチョーセンです。チョーセンは一つです。朝鮮はよその国攻めたことも侵略したことも植民地にしたこともありません』。こういうた。そしたら、みーんな日本の人、いっせいに立ち上がって、『いやー気がつかなんだ、気がつかなんだ。残念やった、気がつかなんだ』、といっせいに言わはった。私がこれみんな話したあとは、みんな全部寄ってきて、『日本の国民、悪いやっちゃなぁ、悪いやっちゃなぁ』っていうから、私は『国民が悪いんと違います。悪いのは日本帝国主義です。帝国主義が悪いんです』って言うたら、みんなが、ほんま抱きついてくれて、『いやぁ、なんて心の広い、おやさしい国柄や』って、言うてな。私はそれだけでよかったわ」。玄さんはうれしそうに笑った。

実際、その場の雰囲気がどうだったのかは分からない。だがこの歳になって、そこまで自身、そして朝鮮の正当性を他人に訴え、確認しようとする。それほどまでに、在日する中で玄さんの尊厳は痛手を負ってきたのだろう。それは、植民地支配下でも故郷に留まることが出来た人たちの孫の世代にあたる李さんとのやり取りにもかいま見えた。

李さんが聞いた。

「子どもにも『民族意識』が欲しい。とおっしゃいましたけど、民族意識。子どもが持ってる民族意識は、『こんな考えを』とかいうことですか。どんな考えですか？」

「やっぱり自分が民族意識もっているからね。子どもが民族意識持って」

玄さんが答えるのを李さんが遮った。

「その民族意識ってどういうことなんです」

「『民族意識ってどういうこと』、ってか……？」

「ええ、例えば自分が朝鮮人だということですか？」

「そりゃ、自分が朝鮮人ということもあるけど……、やっぱり、自分の国を大事に思う、ということやな。私、四年前、生まれたコヒャンやなかったけど、引っ越したからな。今年（正確には二〇〇四年、二〇〇五年の年明け早々のインタビューだったので玄さんは誤解している）観光旅行で、光州《こうしゅう》行くっていうから、楽しみにして行って、結局、行きたいとこカットして行けへんかったけど、私はやっぱり、人間は、自分の生まれた国がないと、アカンッと思ってるからね」。

そして、ユダヤ人が虐殺されたのは国がなかったからだと語る一方で、日本が大韓帝国を侵略し、土地に根ざして生きていた民衆を殺害し続けた事実がなぜ報道されないと語気を強めつつ、日本のメディア状況を批判した。

最近、取材を受けた別のメディアにも同じことを訴えたという。

「その時も言うたんや。なんでこれが報道されへんねん。私はそれが腹立つっちゅうねん」。

さらに話は拉致問題に及び、問題の根幹である朝鮮の南北分断、同胞間の戦争と、停戦状態の原因を作った日本が、なぜあそこまで拉致を指弾するのか。時おり朝鮮語で李さんに「分かってる?」と、確認しながら話し続けた。そして、玄さんは鄭さんに目をやり、「言い過ぎかな? 私、言い過ぎかな? ハハハ」と、「ハ」の音を強調するように大きな声で笑った。ひとしきり話した後、ようやく、相手がいたことに気付き、照れを隠した。そんな感じだった。

玄さんは、子どもたちを朝鮮学校に通わせる一方、自ら言葉を教えることはしなかった。家庭内の使用言語も日本語だった。仕事で手が離せなかったこともあろうが、日本人に囲まれた環境の中で在日が生きる厳しさを示していた。「なぜですか?」素朴な李さんの質問に、玄さんは、「ここでは、まぁ……」と言葉を濁した。

李さんの最大の関心事は、在日朝鮮人の「帰化」に対する認識だった。「世界中の朝鮮民族の中で在日は居住国の国籍を取らない珍しい存在。国籍を通じて、在日の民族についての考え方を知り、日本社会が、その決定にいかに影響を与えているかを知りたい」。これが彼女のテーマである。

　空気が一瞬でギクシャクしたのは、李さんが「『帰化』をする気はなかったのですか」と質問した時だった。現在も在日する朝鮮人は、強制連行された人を除けば、ほとんどは宗主国の収奪によって故郷で経済的に窮し、何とか渡航する費用を工面して、やってきた人たちである。おそらくは渡日せざるを得なかった層ではない人の子孫である李さんの口から出た「帰化」の言葉に、玄さんは過敏に反応した。「本国人」から在日への視線を想起させたのだろうか。

「帰化ぁ？　そんなこと、ありえへん。帰化やて、とうてい考えられません。自分の国を大事に思ってきた、こんなに、わたし、民族心が溢れるほどあるのにするわけがない。そんな小さい時に日本に来たけど、ウリマルも話せるしな……」。語調が一瞬、強まることはあっても、はっきりと、淡々と話していた玄さんの口調に、この時は妙な抑揚が付いていた。

　決して大きな声ではないのだが、玄さんの口調はまくしたてるようになった。話は四年前、故国訪問団の一員として韓国の土を踏んだ時の経験に至った。小さい時に渡日したため、玄さんは朝鮮語を話せないと思いこんでいた現地メディアが、故郷の言葉で堂々と受け答えをする自分に驚愕したのだという。

「話せんと思うて、インタビューに来ましたけど、私が話せたからびっくりしましてん。ほんで私、言いましてん。『私は小さい時に日本に行ったけど、朝鮮の字と言葉は忘れんとこうと努力してきましてん。何でかいうと、将来、親、きょうだいと再会した時、言葉を忘れたら抱き合って泣くだけでしょ。それでは悲しいですから』って」。そのウリマルとは、極貧の生活のなか、学校に通うことすらできなかった玄さんに、父がダンボールに書いて教えてくれた言葉だった。朝鮮語を交えながら、玄さんは李さんに向かって一気に話した。そのうちに、話の中に占める朝鮮語の割合はどんどん増えはじめ、朝鮮語だけで延々と話をし続けた。

彼女が言下に否定した行為「帰化」をした人の子で、日本国籍と二文字の姓を持ち、朝鮮語も話せない私との関係で、玄さんが朝鮮人であることは「自明」だった。在日三世の鄭明愛さんとの関係で、玄さんは、同胞の先輩だった。韓国人であることが「自明」で、世代も違い、朝鮮人としての経験の同時代性もない李さんに「帰化」や「民族性」について聞かれる中で、常に守り、選びとらねばならなかった玄さんのアイデンティティーは揺らぎ、動揺し、それゆえに玄さんは、「朝鮮性」を強調しているようだった。

戦争時代の話になると、玄さんは「こういう時に出そうと思うていれてますねん」と、私に言って、バッグの中から預金通帳のカバーに入れた軍服姿の男性の写真を取り出し、テーブルの上に置いた。陸軍に入った叔父だという。「この人、李相承、リ・サン・スン。私の母方の叔父です。今の人はご存知おへんやろうけど、昔、千人針いうのがありましてな、私、街角に立って千人刺してもろうて腹巻していってもらいました」。

その叔父の甥は予科練に志願した。甥は二人きょうだいで、兄の徴用を免れようと、自分が志願したという。「ところがすぐ兄は徴用で南方連れて行かれてもうた。終戦なって予科練終わった人がね、兄を探し回ったら足けがして韓国に行ったという。身内も誰もおらへんのに行くはずおへんがな。後は分かりません。そういうことが私の身内にもあります」。

話は同じ西陣にいる戦没者遺族でかつ無年金の女性の話になる。夫は南方に行って戦死した。「子ども三人置いてどす。日本人なら遺族年金三〇万円出るのに一銭も入らへん。日本人やったら病死しても入る。町内の人間、みんな知ってたから、署名集めて役所に持っていったけど、役所は『国違う。国籍違う。生活保護もらいなさい』と言われて泣いてました。八三歳どすえ。最近になってやっと見舞金が出ましたけどな[3]」。

このあたりになると、主語がはっきりしなくなり、声のトーンがあがっていく。時に机を叩き、上体を動かすと畳が軋む。李さんに向かって玄さんは言った。

「私のハラボジかて、昭和一八年まで頑張った。みんな早ように変えたけど、こらえたんやけど、堪え切れんと、仕方なく名前変えた。でも玄やから上に『星』の一字だけ付けた。星玄や。せんと、どうしようもなかったんや。生活できんかったんや。これだけ証拠あるのに、何で認めへんのや。『馬鹿野郎』って言わんばかりなのをこらえて耳の奥に入れてる。それでな、いつか、いつか機会あったらな、面と向かって言うてやりたいんや」。

一九四〇年に実施された日本の政策、創氏改名をめぐり、「朝鮮人が望んだ」などとした自民党政務調査会長（発言時）、麻生太郎氏の暴言についてだった。創氏改名の届出は、皇紀二六〇

今でも早朝からや夜まで働く。「仕事があるうちは引き受けんと、次くるか分からんから」。

〇年の紀元節にあたる一九四〇年二月一一日から八月一〇日までが期限だったが、その後も裁判所の許可という形で継続して行われた。玄さんの祖父の創氏は一九四三年、許可制の時代になる。それだけ圧力は強かったのだろう。[4]

玄さんの、ほとんど独白とも言える話は止まらなかった。拉致問題が植民地時代の犯罪行為を押し流し、北朝鮮への経済制裁を唱える濁流になっているこの日本という国の破廉恥ぶり、二〇〇四年一二月、最高裁が言い渡した浮島丸訴訟での原告敗訴の判決、日本軍「慰安婦」問題、昭和天皇の戦争責任を扱ったＮＨＫの特集番組改編をめぐる政治家の介入問題にまで及んでいった。それは活字にすれば、改行を許さない勢いと、つながりを持っていた。

そして結んだ。「許されへんことが、いっぱいあるねん」。玄さんにとっては、創氏改名も、強制連行も徴用も、故郷を夢見つつ、舞鶴湾で機械油にまみれて溺死して行った徴用工たちも、天皇の名の下、人殺しに動員され死んで行った人たちも、「慰安婦」とされた植民地の女性たちも、すべてがまさに、現前する自分の記憶だった。常に抑圧され、抹殺されようとする圧力に晒され、それゆえに、対抗するものとして強められていく記憶は、閉じ、特権化されていくこと表裏の関係にあるように思えた。

玄さんは八〇歳近くなった今も、早朝から夜遅くまでの間、一日、五、六時間、働く。収入は手取りで月五、六万円ほど。一人の暮らしを支えるのも苦しい。織屋の仕事が出来高払いである以前の問題として、依頼される仕事は軒並み引き受けないと、次に来る保障はない。

京都地裁で意見陳述した後の玄順任さん。支援者からのねぎらいの言葉に顔がほころぶ。

「織ってなんぼの世界。仕事があるうちにやっとかんと。なくなったら何にも残らんからね」。

今は、脳内出血の後遺症で重度「障害者」になった次男、金《キム》慶《キョン》春《チュン》さん（一九五〇年生）と暮らしている。金さんは朝鮮大学校で音楽を学んでいて、現在は自宅のパソコンを使って作曲をしている。金さんの暮らしは生活保護で成り立っている。

「自分で精一杯、息子まで養えません」と玄さんは語った。

二〇〇四年一二月二一日、玄さんたちは、横断幕を持って裁判所に入り、支援者やマスメディアのカメラに囲まれるなかで訴状を提出した。長い訴訟のスタートである。その後は、裁判所の南側に隣接している京都弁護士会館で開かれた支援者への報告集会に出席した。原告団長として、玄さんは壇上の長机の真ん中に座ると、マイクを両手で拝むように握りしめ、両目を強く閉じて、真っ赤に紅潮した顔をこれ以上ないほどにしかめながら、集まった五〇人ほどの支援者に向かって声を振り絞って訴えた。

「戦争中は『内鮮一体』なんて言って、戦地にも狩り出したのに、戦後は『国籍が違う』で知らんふり。朝鮮人の利になることはなんっもせぇへん。私の周囲にも南方に行って帰らなかった人もいるのに補償もない。日本人としてこき使い、戦後は権利を奪われ、年金もなく苦しんでいる。何とかもらえるようにしたい」。

年金補償を訴える裁判、原告団長になってよかったという。訴訟事務局の鄭明愛さんに向かって玄さんは言った。

「いやな、少しでも自分が何か言える機会が出来てよかったと思てんねん。これまで胸の奥に溜めて、こらえてたことを言うことが出来るかもしれんと思うたら、な。それで裁判で言おう思てんねん。いったい、朝鮮が何を悪いことしたのかと教えて欲しい。何か悪いことしたのか。言うてえぇかな？　ええやろ？　『チョーセンは何も悪いことしてへん！』って言うたら偉そうやからな。『教えてください』って言うねん。たとえ五分でも一〇分でも意見言わせてくれるならいいたい。短くな、簡潔にな。結論から言うねん。時間足らんようになったら困るからな。朝鮮が何か悪いことしましたか？って。国家試験通った偉い先生たちやったら分かるでしょ？

って」。

土間を挟んだ作業場には力織機が二台ある。帰る際には、西陣織の布を何枚も、袋やバッグを作れるだけの分量を持たせてくれる。帰る前に、躊躇しつつ、私は聞いた。彼女が言う「自分の国」とは何を指すのだろう？　民族団体の活動家として、彼女が口にしてきた、統一国家なのか？　だとしたらどのようなイメージを持っているのか？　あるいは人や風景といった故郷の記憶なのか？

「どちらを支持するとかやおへん。アメリカと対等に争ってるところは尊敬しますけど。故郷《コヒャン》は引っ越したし、今の場所には愛着おまへん。故郷の風景は頭の中にちゃんとあります。国とは、誇りです……。誇りであり、命。生きていくために必要なものです」。

玄さんが「誇りであり、命」と強調した国。植民地支配と分断、日本での差別と貧困を生き抜く中で、玄さんが求め、そして生きる支えにしてきた国。実際の祖国は、在日する彼女たちの想いをよそに、国際政治の力学に歪められ、その願いと相違しながら生み出されていった。どちらを選ぶにせよ、選んでしまった時点で、玄さんの思いを裏切ってしまうものなのだ。それは、自身の生身が削がれてしまうようなことなのだろう。だから答えも抽象的になってしまう。抽象的にしか語れないのが彼女のリアリティーなのかもしれない。

（1）姜在彦『日本による朝鮮支配の40年』（朝日新聞社、一九九二年）

（2）玄さんの場合、一九八六年四月に加入し、任意加入を六五歳まで利用したとして、六五歳から支給される年金の月額は約一万三二六〇円。それに対する掛け金は、五三万五二〇〇円、月額にして平均約七八〇〇円である。

（3）二〇〇〇年に成立した「平和条約国籍離脱者の戦没者遺族への弔慰金等支給法」を指す。日本国臣民として戦争に駆り出され、軍人・軍属として死亡したり、「障害」を負ったのに、戦後は一方的に外国人とされ、国籍条項で補償から排除され続けてきた在日朝鮮人や台湾人とその遺族に対し、弔慰金などの一時金を支給する制度である。二〇〇一年四月から二〇〇四年三月末まで申請を受け付けた。

日本政府はあくまで「日韓条約締結時に補償問題は解決済み」〈第Ⅱ章を参照〉との立場で、韓国籍者も対象になった今回の立法は「人道的措置」とする。また、対象者は戦死者・重度戦傷病者だけで、遺族に弔慰金二六〇万円、戦傷者本人に四〇〇万円を一回支払うのみ。日本人との格差も大きい。たとえば「重度戦傷病者」の場合、日本人なら最も階級が低い「兵」でも最低年額約一六九万円から最高約一〇〇〇万円が支給されている。

（4）金英達《キムヨンダル》『創氏改名の研究』（未来社、一九九七年）などを参照した。

終章

二〇〇五年一月二六日、大阪地裁一〇〇九号法廷。午後一時三〇分の開廷時刻より二分ほど早く、法廷は始まった。二〇〇三年一一月の京都の高齢者無年金訴訟に先行して大阪地裁に起こされ、弁論が進められている大阪の高齢者無年金訴訟の弁論である。

大阪訴訟の原告は全員が八〇歳代。国民年金制度から完全に排除された一九八六年四月一日段階で六〇歳を超えていた人々である。支援団体は訴訟を「旧植民地出身高齢者の年金補償裁判」と銘打っている。保障でなく「補償」としていることが象徴しているように、植民地支配の結果として存在する在日朝鮮人に対する戦後補償問題として、在日高齢者の無年金問題を強く打ち出している。

この日は、判決前の最後の期日、最終弁論だった。傍聴席は支援者らでいっぱいとなり、二、三の空席を残すのみだった。傍聴席と法廷を隔てる柵の向こうには、セーターの上に小豆色や黒、チェック柄のベストを着た五人の原告と介助者、そして原告の親族一人が背中を向けて座っている。法廷の左側には弁護団のメンバー六人が着席して、向かい側に陣取っている四人の訟務検事（国側）と対峙している。代理人は全員男性だった。

審理されるのは生身の人間に関することなのだが、訴訟の手続きはあくまで予定調和的かつ事務的に進んでいく。

最初は、原告側による第六準備書面の読み上げだった。原告側にとっては法廷でなされる最後の主張である。四八ページ。原稿用紙にして一〇〇枚を超える書面を通じ、原告側は、植民地支配によって「内地」に渡り、戦後も在日を余儀なくされた人々に対する日本政府の責任、そして、それを清算するどころか、解放後は法律ですらない一編の民事局長通達で国籍を剥奪し、治安対象として徹底的に管理し、戦後補償どころか社会保障からも排除してきたこの国の地顔を晒し出し、当たり前のように請求棄却を求める国側の姿勢と主張を的確に批判していた。

弁護士は交代で起ち上がり、書面を読み続けた。原告たちは身じろぎもせず、弁護士たちに視線を向けている。

全員が揃ったのは、第一回の口頭弁論以来のことだった。二〇〇四年二月四日に開かれた第一回口頭弁論で、当時の田中俊次裁判長は「一年を目処に終結させたい」と異例の発言をした。原告五人の高齢を鑑みて早期に終結すべき、との判断だった。実際、原告五人のうち二人は、二〇〇三年一一月一三日の提訴から最終弁論の日までに、重病で死線をさまよっていた。法廷に出ること自体が大変な負担をともなう。訴訟最大の課題は、原告たちの健康不安だった。

訟務検事は二人二列で座っていた。傍聴席側の手前に座る一人は弁護団を見ているのだが、奥の一人は手元に置いた厚さ一五センチはあろうかという資料を所在なさげにめくっている。そのコートを掛けた椅子の背もたれから見える後ろの一人は、開廷一五分ほどで頬杖をつき、居眠りを始めた。読み上げる弁護士が変わった時に一瞬だけ、目を開けて、前でなされていることを確認している。あとの一人はかろうじて、最後まで目と耳で弁論を追っていた。訟務検事が原告たちの主張をまともに聴こうとしないのは、このときに限ったことではない。国賠訴訟では特に顕著な「いつもの風景」だが、「最後は裁判所が何とかしてくれる」、こんな高を括った姿勢が露骨に見えて、何度見ても不愉快極まりない風景である。

二五分に渡る最終弁論の読み上げが終わると、裁判長が原告の一人の名前を呼んだ。最終意見陳述である。

「ふあい」。それまで柵と平行に置かれた長椅子に背筋を伸ばして座り、他の原告たちと、弁護士の弁論を食い入るように見つめていた原告の男性（一九二三年生）が、低く、くぐもった声で返事をした。文字にするとやや、滑稽な感を与えるかもしれない。しかし私には実際、そう聞こえたのである。

この日以前の六回に渡る弁論で、原告五人のうち、すでに二人が証言台に立っている。男性は、残った三人のうちの一人だった。もう一人の女性は、提訴が報じられてから、地域で嫌がらせを受け、前面に出るのを控えていた。残る女性は字がまったく読めない。事前に作成した陳述書を暗記して、法廷で暗誦してもらう心身の負担を避けた結果として、文字の読める男性が最後の意見陳述に立つことになったのだった。

しかし、証言台に立ったのは、男性ではなく彼の娘（一九五七年生）だった。陳述書は、二世である娘が父に聞き取りをして作成された。それはこれまで語りえなかった一世の思いを二世が開くことでもあった。ようやく書面は出来た。だが、直前になって男性は読み上げを拒んだ。『辛かった』とか『こんなことをされた』『あんなことをされた』と人前で言いたくない」「人前で話すのは恥ずかしい」。何人かから聞いた「理由」である。結局、弁護士よりはと、娘が代読を申し出たのである。被害者が自分の被害体験について話す、ということは、繰り返しその自尊心を傷つけることだという、いわば当たり前の事実を突きつける「交代劇」だった。

男性は一九四〇年、一七歳で渡日した。広島、大阪、新潟、東京の軍需工場で土木作業員として働き、戦後は大阪府南部でメリヤス業を起ち上げ、四人の子を育てた。現在は妻と二人で生活しているという。短く、そして凝縮された陳述だった。

「この年になって言いたいことは山ほどあります。でも、今さら言ってもどうなるものと諦めの気持ちもあります。

今まで、私たち一世は生きていくことに必死で、差別を訴えることができませんでした。また、そんな権利とか分かりませんでした。植民地にされるということは、そういうことで、国を盗るということだけではなく、人の脳みそを抜いてしまうということです。

ただ、今の日本人は昔のことを棚にあげて勝手なことを言っています。私の両親は百姓をしていたけれど、米は食べられず、中国の粟や稗を食べて生きてきました。田んぼで働いている若い者はいきなり日本人にトラックに乗れと言われ、連れて行かれました。日本では月給半分でいじめられ、日本人のしない仕事をしました。そういうことを今の若い人たちは知りません。

裁判をおこしたのは、そんな歴史を知って欲しかったことと、朝鮮人を差別したこと、また今も差別していることを世間に知ってもらいたかったからです。そしてそれが、二世、三世のためになればと思ったからです」。

「以上です」

約二分の陳述だった。その間、訟務検事はややぎこちない表情で前を見て、話を聞いていた。

訴状で原告側は、旧植民地出身者という歴史性を前提に、大きく三つの時点での差別を取り上げ、憲法一四条（法の下の平等）、同二五条（生存権の保障）、社会保障における内外人平等を定めた国際人権規約などに違反していると指摘している。

一つは国の一九五九年の国民年金法制定時、国籍条項を設けて、条約による定めがあった米国人以外の外国籍者を制度から排除したこと。二つ目は、一九八一年の難民条約加入にともなう翌八二年の国籍条項撤廃時である。国籍条項の撤廃により、初めて国民年金制度に加入が可能になった外国籍者にとって、一九八二年は国民年金制度の創設にあたる。にもかかわらず、国民年金制度がスタートした時点で日本人にとった福祉年金制度などの経過措置をとらなかった。三点目は、一九八六年、国民、厚生、共済の三年金を基礎部分で統合し、現行制度に移行した際にも、当時六〇歳を超えていた外国籍高齢者に対して、何ら経過措置をとらず、無年金のままに放置したことである。

国側は書面で、「社会保障の適用範囲決定は、立法府に広範な裁量があり、排除は合理的範囲内」として立法裁量論を前提として打ち出す。その上で、「旧植民地出身者らに他の外国人と異なる扱いをすることは不平等である。そして、社会保障は本来、国籍国の責任である。外国人への救済は人道的な見地から行えば十分である。帰国するかもしれない外国人から年金料を徴収するのは負担をかける」。さらには、Ⅱ章で述べたように「日韓条約に基づく協議でも議題になっておらず、両国間で解決した」などと主張している。

この日の最終弁論では、国側の主張への具体的な反論に紙数が割かれた。

日本の植民地支配により在日するに至った歴史的経緯を踏まえているからこそ、一九六五年には日韓条約締結にともなう在日韓国人の法的地位協定で「協定永住者」の枠組を設けたのではないか。そして、その二五年後の一九九一年に制定された「日本国との平和条約に基づき日本の国籍を離脱した者等の出入国管理に関する特例法」では、「平和条約国籍離脱者」という用語が実定法上も用いられ、在日三世以下も含む特別永住資格の創設という措置をとったのではないか。そして特別永住者については、外国人登録法上の常時携帯義務違反の罰則は、それ以外の在留外国人に適用される刑事罰でなく、行政処分になっている。現実問題として、政府は旧植民地出身者とそれ以外の外国人を区別しているではないか。[1]

一九九七年には、帰国する外国人には掛け金の返納する制度も出来ている。だから立法的に無理という主張はあたらない。また、社会保障は国籍国の責任というのであれば、在外邦人に日本政府は児童扶養手当を支給していないのをどう説明するのか。さらには、在外邦人の被爆者にいかほどの支援をしているのか。そして、一九九一年以降、毎年開かれている日韓アジア太平洋局長会議でも無年金問題が取り上げられていることなどを指摘し、立法裁量の範囲内を超えて不合理な差別である、と国側の理屈を批判した。

総括すれば、歴史的責任を省みるなら、旧植民地出身者への福祉が「恩恵」で済むわけはない。さらにいえば、国際人権法の流れが示すように、人権は国籍を超える。いわんや生存権を支えるための制度が、国籍と直結した国民以外を排除するものであっていいわけがない。それは不合理な差別なのだ、と当たり前の主張をしているのである。

弁護団の丹羽雅雄さんは、「社会保障すら個々の法律が日本人のためにしか出来ていないことがそもそもの問題。過去の清算と今後の共生に向けての意志と思想の問題だ。人権は国籍を超えるはずだ」と強調する。

裁判所には国側の主張の矛盾を詳細に指摘した戦後補償や在日外国人の人権問題の専門家、田中宏さんによる鑑定意見書も提出された。[2]国側の主張のすべてが破綻し、論駁されているのである。結局のところ、なぜ旧植民地出身者をここまで執拗に排除してきたかについて、国側はまともに答えていない。裁判とは、少なくとも建前上は、「事実」に基づき、法律を駆使して、「論理的」に結論を出していく場である。おそらくは、司法の場では口にするのがはばかられるような動機が根底にあるのだろう。でなければ、ここまでの排除は説明がつかない。

京都の在日外国人「障害者」たちが起こした訴訟と、京都の高齢者無年金訴訟の弁護団で事務局を務める伊山正和さんも、「徹底的に排除する理由が知りたい」と、いささかあきれ気味に語る。

「社会給付は法律以前の権利です。国籍という法律があって初めて存在する概念を用いて、法以前の権利から排除していくのは理由になりません。日本人については無拠出制の福祉年金創設や、徹底した期間短縮、再三にわたる受給額是正措置の数々をとる。『制度開始後に経過措置はとれない』と国は主張しますけど、小笠原や沖縄の『本土復帰』、中国『残留』孤児や拉致被害者には特別措置をとっています。もちろんこれは『国として当然の義務』です。では、なぜ、外国人にはしない、となります。技術論的にも是正は可能なのに、条約のあった米国人以外には、あえて確信犯的に何もしていない。なぜここまで旧植民地出身者を排除するのか。その『理由』を聞いてみたいのです」。

二〇〇三年に文科省が打ち出した受験資格問題をめぐる朝鮮学校への差別方針を受けて結成された、「外国人学校・民族学校の問題を考える弁護士有志の会」のメンバーとして、ある種の熱情すらをも感じさせる徹底的な朝鮮学校外しを目の当たりにしてきた伊山さんの率直な思いである。なぜ、ここまで在日朝鮮人を徹底的に排除するのか。

最終弁論で弁護側は、近現代日本思想史を研究しているテッサ・モーリス・スズキさんが二〇〇四年一月に発表した論文を引用して、社会福祉に至る日本の政策決定が、いかに朝鮮人への嫌悪と敵視の眼差し、排外的な発想に基づいてなされているかを指摘した。(3)

京都訴訟提訴前夜の支援集会には原告四人が出席した。前列左端は事務局の鄭明愛さん。

ＧＨＱの占領時代、時の吉田茂首相が、在日朝鮮人は共産主義者で、潜在的犯罪者であり、日本の経済復興に貢献する能力を有すると思われる者以外は全員、朝鮮に送還すべきであるといった書簡を当時のＧＨＱ総司令官、ダグラス・マッカーサー氏に何度も送っていたことはよく知られている。(4) 今回、引用されたモーリス・スズキさんの論文は、さらに歩を進め、一九五九年に始まった、いわゆる「帰還事業」をめぐって、日本政府がどれほど、在日朝鮮人を日本から排除しようする強い意志を持っていたことを示すものだ。

そこでモーリス・スズキさんは、ジュネーブで発見した赤十字国際委員会の資料を基に、在日朝鮮人の帰還事業の開始は、一九五八年、朝鮮総連と北朝鮮政府の活動と共に始まっていたのではなく、その三年前の一九五五年一二月、当時の日赤社長、島津忠承氏がジュネーブの国際委員会に送った文書が最初であることを指摘する。その文書は「帰還が韓国との摩擦を起こさないなら、そしてそれが北朝鮮の日赤ではなく国際委の手で遂行されるなら、日本側はまったく異論なく、むしろ期待を寄せるものである」と記し、「この書簡が外務省と法務省の有力当局者の完全な了承を得ている」と強調した上で、国際委に大量帰還の実現を要請したことを明らかにしている。

そして、韓国を刺激しないよう、国際委が音頭をとって大量帰還を指揮することを要請するロビー活動が始まる。その中心は、当時、外務省から日赤外事部長に任命されていた井上益太郎氏だったという。モーリス・スズキさんは、井上氏が一九五六年一月、国際委に宛てた書簡を明らかにする。その段階ですでに、与党内には「帰国を支援する活動を始める」兆しがあり、芦田均元首相らが、非公式に政策具体化を伝えてきたとしている。

そしてその書簡に井上氏は、「在日朝鮮人問題を解決するための基本原理」とした論評を付した。井上氏は在日朝鮮人について、「性格は粗暴で、生活水準は大変低く、無知蒙昧」であり、日本社会の治安を乱す潜在的要因であるとして、大量帰還の開始の緊急性を訴えた。そして、この論評を「ある外務官僚」に見せたところ、帰還の必要性については、「概ね合意を得た」としている。そして初期の段階で日本は、大量帰還について、北朝鮮を上回る積極さをみせていたという。

時を同じくして厚生省は、在日朝鮮人の生活保護削減キャンペーンを展開する。こうしたなか、一九五九年に、米国籍者を除いて在日外国人を排除した形で国民年金制法が成立し、同年には帰還事業が始まるのである。貧窮世帯が多かった在日朝鮮人の「国外退去」を、政府一体となって行っていた姿を浮き彫りにしている。

アジアの隣人と共に生きることを徹底的に拒む、その執拗さの根幹にはいったい何があるのか。連綿と続いている排除の歴史に、本音を隠すための理屈をつけようとした顚末が国側の主張の破綻なのである。

国側がいい加減な主張をする背景には、もう一つの要因がある。裁判所への「信頼」である。立法裁量論ですべてを切り捨ててくれる、との信頼が根底にある。三権のうちの一つである立法府（国会）が判断したこと、つまり法制化したことについては、司法はよほどの不合理がない限り、間違っているとは言えない立場であるという理屈である。

在日外国人の無年金問題をめぐる訴訟では、外国籍者だったことを理由に障害福祉年金の支給を拒まれた大阪市の視覚「障害者」、塩見日出さん（故人）が一九七三年、不支給決定は憲法一四条などに違反する不当な差別と主張して大阪府知事に不支給決定の取り消しを求めた、いわゆる「塩見訴訟」がある。国籍条項の撤廃によって、再度、提訴に踏み切り、計約三〇年に渡る法廷での訴えを続けたものの、最高裁は結局、「社会保障の適用範囲には立法府の広範な裁量権があり、外国人を対象外とすることは合理的範囲内」として訴えを棄却した。

その後は二〇〇〇年三月、京都地裁に提訴された在日外国人「障害者」無年金訴訟がある（I章で詳述）。ここでも京都地裁が依拠したのはやはり、「立法裁量論」だった。

二〇〇三年八月二六日の判決には、私も立ち会った。

「原告の請求をいずれも棄却する。訴訟費用は原告の負担とする」。

一瞬の間に続き、廷内には傍聴者の怒号が飛び交った。

植民地支配によって押しつけ、そして敗戦後、一方的に奪った国籍を理由に、日本の近現代史の結果である在日朝鮮人らを非・国民として差別し続ける政策は誤りだ、過去に誠実に向き合い、真に開かれた社会に向けた第一歩を踏み出して欲しい……いわば「当たり前」の実現を司法に託した原告側の声を八木良一裁判長はことごとく、「立法の裁量、合理的区別であって差別ではない」と切り捨てたのである。本来の判決期日を約二カ月延期した挙句の判決文の中身は、「塩見訴訟」の判例のコピーばかりだった。前例（判例）踏襲が基本という「究極の役所」とはいえ、そこには司法の主体性の片鱗すらもない。これが三権の一つを担う「司法」なのか？　では、なぜ原告たちは裁判を起こしたのか？　他でもない「立法」が差別をしたからではないのか？　その立法の中身を審査するのが司法の役割ではないのか？

「これが日本の裁判なのか……」

閉廷後の法廷で、電動車椅子に乗った全身性「障害者」の男性が、誰もいない傍聴席から裁判官席に向かって、うめくような叫び声を上げていたのが私には忘れられない風景として残っている。

あまつさえ、判決は坂口試案が発表された後だった。この問題だらけの案ですら暗礁に乗り上げていた時期、行政が問題を放置し、立法が無視を決め込む状況で、司法が何かしらの一言を発するかとの期待もあったが、判決は、立法機関への注文、いわゆる「付言」すらも避けて、この国の立法に追従したのだった。

裁判所に対して国側が寄せる「信頼」は、大阪高齢者無年金訴訟の山場である二〇〇四年一二月八日の原告の証人尋問でも露骨に見えた。証人は八三歳の原告女性だった。一九二一年、現在の韓国・全羅南道の農家に、七人きょうだいの四番目、次女として生まれた。彼女は貧困のために学校にも行けなかった。一二歳で両親と共に渡日、大阪市生野区に住み、町工場で働き生計を支えた。一七歳で結婚したが、民族差別で夫に仕事はなく、彼女が内職をして家計を支えた。今は六六歳になる長男家族と暮らしているという。

彼女はその年の一〇月、脳梗塞で倒れて一カ月入院していた。最初は話も出来ず、物も思い出せなかった原告が、何度も練習を重ね、陳述書を練り上げ、話が出来るまでに回復して臨んだ尋問だった。

「年金に入りたいと思いましたか？」

「そりゃ、思うわ。」

「社会保険も公営住宅もないのをどう思った？」

「しゃあないと……、しゃあないと思って、生きていかなしゃあないと。」

支援団体と弁護団が聴き取り、事前に練り上げた陳述書を読みながら、尋問は続いた。出廷するまでに回復したといっても、応答は消え入るような小さな声だった。傍聴者が座っている椅子の軋みや資料を繰る音でその声は容易に遮られ、陳述中、たまらず立ち上がった書記官が弁護団に、細心の注意を払って資料を繰るよう支援者に言って欲しいと懇願するほどだった。

六人の子どもに恵まれたが、貧困のため五人は中学までしか行かせてあげられなかった。学校で子どもたちが「チョーセン」といじめられ、泣きながら帰ってくるのを、女性は胸が潰れる思いで見ていたという。医療保険にも公営住宅にも入れない。区役所に申請に行けば、「韓国人やから」と言われ、役人から「自分で字も書けへんのか」とバカにされた。八〇を越えた今では、自治体の特別給付金と、時として途絶える子どもからの援助計二万円でぎりぎりの生活を送り、孫に小遣いをやることもできない。

女性は法廷で、人生の最終段階を迎え、制度的差別にさらされている悲しさを切々と訴えた。日本の近現代史の生き証人が、目の前でその歴史を語っていた。

弁護士の尋問の後、裁判長は訟務検事に質問の有無を訊ねた。ところが訟務検事は、「不要」と短く答えただけで、後は原告女性に視線を向けさえしなかった。そこには、立法裁量論だけを主張すれば、あとは裁判所が都合よくまとめてくれるとの思いが露骨に現れていた。

「立法裁量論」は、旧植民地出身者ら、日本政府の政策によって人生を歪められた外国籍者が日本政府に謝罪と補償を求める戦後補償裁判でも「有効活用」され、原告たちの訴えを切り捨てる、いわば「伝家の宝刀」として使われてきた。

逆に言うならば、在日外国人の無年金訴訟で原告側が追及しているような立法府の責任が、司法によって指弾されることはまずない、ということである。近年では、戦後補償裁判でも一部勝訴の判決が言い渡されるケースが散見されるが、立法府の責任を問い、違法とする判決はない。歴史的責任に対して、必要なのは「救済」ではなく、あくまで謝罪と補償であるはずだ。にもかかわらず、歴史的不正という根本が問われることなく、法解釈でひねり出された判断がマスメディアを中心に「勝訴」と寿がれ、「救済」と報じられるのである。

一方で、日本人の元学生を原告とした学生無年金訴訟では、東京、新潟、そして広島と、地裁レベルではたて続けに違憲判決が言い渡された(5)。外国籍者が原告の戦後補償裁判では、とてつもなく高いハードルである立法府の責任も、日本人が原告なら指弾され、立法府もそれに応えるのである。元学生の無年金者たちは、任意加入時代に加入せず、成人して傷害を負ったため無年金となった人である。もちろん、その人たちが勝訴するのは歓迎すべきことだ。

それならば、外国人の無年金者はどうなのか。彼、彼女らは「任意」どころか、はなから加入できなかったのである。徹底的に排除されていたのである。その人たちに対する立法措置をせず、無年金のままに放置している立法府の責任について問えば、「立法府の裁量に委ねられており、合理的な裁量の範囲内」とされるのである。これまで何度となく引用してきた、元入国管理局参事官、池上努氏がその著書に記した言葉「外国人は煮て食おうが焼いて食おうが自由」にあらわれている発想を裁判所も実質的に追認している。

そして二〇〇五年、東京都に務めている保健師、鄭香均《チョンヒャンギュン》さん（一九五〇年生）が日本国籍のないことを理由に昇進試験の受験を拒否されたことに対し、鄭さんが都に損害賠償を求めた訴訟で、最高裁は一月二六日、鄭さんの訴えを棄却した。

一九九七年一一月二六日に言い渡された東京高裁判決では、「国籍条項による一律排除は違憲」として、都に鄭さんへの賠償を命じている。東京高裁の判決はあくまで、一九九六年、時の自治大臣だった白川勝彦氏の表明した、当時の自治省（現・総務省）見解、つまり、「公権力の行使、または公の意思形成に参画するには日本国籍が必要なのは当然の法理」を前提に、具体的にどの職種が該当するのかは各自治体で判断するのが望ましいとした判断の範囲内でしかない。とはいえ、そこには、「違憲」という一言が盛り込まれていた。最高裁は、それすら避け、行政裁量の範囲内としたのである。

訴訟の直接の相手にあたる都知事が、「三国人発言」問題の石原慎太郎氏であるのも象徴的である。二〇〇四年一二月一五日には、口頭弁論も開かれ、原告の意見陳述も行われた。在日朝鮮人の法的地位をめぐる弁論という意味では、スガモ・プリズンに収容されていたBC級戦犯による釈放要求以来の大法廷だった。他の外国籍者にまで広げても、一九七八年のマクリーン判決以来である[5]。今後の運動や自治体の判断に与える影響も大きい最高裁の判決内容は、憲法判断すら避け、行政の大幅な裁量権を認めるものだった。判決に反対した二人の少数意見、その主張の内容自体が評価に値するかは別として、一三人の法曹たちは、それすらもなく、在日外国人は法的な意味で「生かすも殺すも自由」としたのである。

日本国籍を持たない者にとって、この国にいることは恩恵である。そして、「奴隷制廃止後の奴隷法であり、近代が禁じたはずの奴隷を今日の社会につくる制度」である入管法制により、細分化された在留資格に振り分けられ、滞在期間までを決められる存在であることなのだ[6]。彼ら「非・国民」の権利は、その枠内でのみ享有される。基本的な人権は、人間であるということで行使できるのではない。人権とは、国民を頂点にしたヒエラルキーの中で、国によって付与されるものである。

そしてそこから導き出されるこの国の政策決定と分かちがたく結びついているのは、外国人学校の受験資格問題でも露骨に表れた発想である。近代国家に向かって日本が歩み、「西欧」になっていく過程で、「克服すべきアジア的なるもの」の象徴として侮蔑と嫌悪の対象とし、侵略と支配の対象にしていった人たちへの差別意識なのである。

隣人への徹底した憎悪は、私の中で、イスラエルという国の行為を想起させる。

解放後の朝鮮に、二つの国家が樹立され、今にいたる分断が確立した一九四八年、パレスチナでは、前年の国連決議を受けて、イスラエル国家が樹立され、イスラム教徒とキリスト教徒が暴力で故郷を追われる。国際的な非難を無視し一九六七年から続く軍事占領は、すでに三八年。日本の朝鮮植民地支配を上回る。ホロコーストの生き残りたちが打ち立てたこの国は、膨大な数の難民を生み出し、国連決議で認められた彼らの帰還を拒み続け、軍事占領すらも終結させようとしない。そして占領地では毎日のように人が殺され、常態化した虐殺と破壊に、マス・メディアの感覚も摩滅し、国際社会の関心も薄れていく。

恣意的に幹線道路は封鎖され、チェックポイントに立つ年端もいかない兵士たちが、父母、祖父母のような年のアラブ人をいたぶり、子どもが学校に行くことを妨害し、妊婦が路上で出産する事態を生み出している。軍事占領といびつな統治により、パレスチナ自治区内の経済は破綻している。口に糊しようと思えば、自分たちを日々いたぶる占領者の社会に出稼ぎに行き、占領者たちの経済に組み込まれるしかない。二〇〇〇年、現首相のアリエル・シャロン（当時は極右政党、リクード党首）のイスラム聖地強行訪問に端を発した第二次インティファーダ以降は、それすらもかなわない。日々、続く人間の尊厳への破壊が、占領地の現実である。抑圧者の社会に依存せねば生きていけない構図。そこに私は七〇年以上前、植民地朝鮮から「渡日」した、祖父母の姿を重ねあわさずにはいられなかった。

占領下パレスチナの経済を研究するユダヤ系米国人の研究者、サラ・ロイ氏のエッセイに「ホロコーストとともに生きる　ホロコースト・サヴァイヴァーの子供の旅路」がある。ナチスドイツによる絶滅収容所の生還者を両親として生を受けた彼女は、イスラエル兵が占領地で日常的に行っているアラブ人への残虐行為を挙げ、こう記す。

「わたくしが生きる上で母がこれまで幾度となく語ってくれたことですが、イスラエルでは暮らさないという母の決断は、戦時中の体験から母が学びとった強い信念に基づいていました。それは、人間が自分と同類の者たちのあいだでしか生きないならば、寛容と共感と正義は決して実践されることもなければ、広がりを見せることもないという信念です。母は言います。『ユダヤ人しかいない世界でユダヤ人として生きることなど、私にはできませんでした。そんなことは不可能でしたし、そもそも望んでもいませんでした。私は、多元的な社会でユダヤ人として生きたかった。ユダヤ人も自分にとって大切だけれども、ほかの人たちも自分にとって大切である、そのような社会で生きたかったのです。』」(7)

一九四二年、カルカッタに生まれた文学者、ガヤトリ・スピヴァック氏は、一九九六年に来日した際のインタビューで、アジア大陸の最南端から見た日本とイスラエルをアジアの両端にある「二つの不条理」と指摘している。(9)

自らがいったい、どのような歴史の上に打ち立てられているのか。その汚濁の歴史の証人と証拠を徹底的に憎み、亡きものにしようとする。そして、隣人を「内なる他者」として執拗に差別し、外部化して、「西洋」になろうとし続ける。アジアの両端にある二つの国の類似性を、私はここで痛感せずにはいられない。限りなく均一な国民による共同体を志向し、閉じた世界の中での安定を志向し続ける。他者と生きることを徹底して拒み続け、閉じていくこの「哀れな国」は、そこに住む私たち自身の尊厳をも傷つけ続けている。果たしてここは、人が生きるに足る社会なのだろうか。

（1）ここで述べているのはあくまで、「外国籍者間に不平等を持ち込むのは問題」。だから、「平等」に「何もしなくていい」との結論を導き出す国側への反論である。旧植民地出身者にも、それ以外の外国籍者にも基本的人権は平等に保障され、行使できるのは当然である。

（2）大阪地方裁判所に向けた鑑定意見書「在日コリアン無年金高齢者問題について」（二〇〇四年一二月二日提出）。この論考で国側の主張はほぼ論駁されている。原告側は筆者である田中氏の証人尋問を申請したが、国側の執拗な抵抗で実現しなかった。

（3）テッサ・モーリス・スズキ「特別室の中の沈黙――新発掘資料が語る北朝鮮帰還事業の真相」『論座』（朝日新聞社、二〇〇四年一一月）。

（4）杉原達『越境する民』（新幹社、一九九八年）。田中宏『在日外国人　新版』（岩波書店、一九九五年）など。

（5）立法府による一定の救済措置である特定障害者給付金法が施行された後は一定の「揺り戻し」がみられる。二〇〇五年三月二五日に言い渡された東京高裁（宮崎公男裁判長）での判決では、立法裁量論を根拠に原告逆転敗訴の判決が言い渡され、同年四月二二日の福岡地裁（一志泰滋裁判長）では、障害を負った時期が二〇歳未満だったとの事実認定を根拠に不支給処分の取り消しが言い渡されたにとどまり、立法府の責任や憲法への判断などは避けられた。

（6）一九五二年、皇軍兵士として戦場に駆り出されながら、獄中で一方的に国籍を剥奪されたＢＣ級戦犯たちが、人身保護法による釈放を求めた訴訟のこと。大法廷で、原告本人の意見陳述も行われた。最高裁大法廷は、判決時点では日本人だったのだから、国籍が変わっても刑の執行は続けられるとして訴えを退けた。

マクリーン事件判決とは、「べ平連」に所属し、ベトナム戦争や入管法反対運動に参加していた米国人男性が一九七〇年、在留期間の延長申請を法務大臣に拒まれ、処分の取り消しなどを求めた訴訟である。最高裁は一九七八年一〇月、原告の訴えを棄却した。判決では、人権の保障は原則、外国人にも及ぶが、その保障は、あくまでも在留制度の枠内で与えられているにすぎないとされ、在留の拒否の判断に際して、法務大臣の広汎な裁量権を認めた。外国籍者の権利保障を巡る訴訟になると、この判例は今にいたるまで引用され、外国人の在留は権利ではなく、日本政府当局による「許可」との思想を温存させている。

(7) 岡部一明『多民族社会の到来』(御茶の水書房、一九九一年)。
(8) サラ・ロイ「ホロコーストとともに生きる　ホロコースト・サヴァイヴァーの子供の旅路」『みすず』三月号(二〇〇五年三月、岡真理訳)。
(9) 「アポリアを教えること」『現代思想』(一九九九年七月)

あとがき

歴史の証人であるハルモニたちの声を刻もうと思ったのは、京都での提訴に向けた新聞連載を準備する過程でのことだ。彼女たちがふともらした呟きや沈黙、そして混乱は、意味が通る最低限まで細部を削り落とし、読者が「分かる」ように整理したうえで成立する新聞記事に書くにはあまりに豊穣だった。

本書では、ハルモニたち一人ひとりの肉声を道標に、在日朝鮮人の通史には必ず登場する出来事や、戦前・戦後と朝鮮人の生を規定してきた政策などについてあらためて書いている。産米増殖計画や植民地下での教育政策。日本の敗戦後の国籍剥奪と今に続く民族教育への弾圧。一九八〇年代を代表する反差別運動を巻き起こした指紋押捺制度。さらには経済援助で過去を「封殺」した日韓条約とその影響など。こうした「硬い」記述に紙数を割いたのには理由がある。ハルモニたちの話を通し、いかに日朝関係史が、個々人の生の背景となったかに私自身があらためて気づかされたからだ。支配／被支配の関係の中で、植民地出身者たちはどのように宗主国の経済に組み込まれていったのか、その「全体としての強制性」について考えたかった。植民地時代だけではない。現代に至るまで、在日朝鮮人たちがとった選択や決断は、どんな状況の下でなされてきたかについて、私自身が少しでも知っておきたかった。

一方では、彼女らの決断の一断面を切り取り、「あれは自らの意思で勝手に来た」と言い募る人々が大手を振るい、支配される側の痛みを欠いた「国民の歴史」が賛美されている状況がある。「大志を抱いて」渡日した鄭福芝さんがそうであったように、そこだけを切り取れば、場合によっては内発的にとられかねない個々人の決断は、いかなる外的要因から生まれたかを、彼女らによって生きられた現実と近現代史を重ね合わせて考える。彼女たちが、なぜ宗主国に渡り、京都の地に至ったのか。その背景には紛れもなく植民地主義という暴力が横たわっている。植民地と宗主国という関係の全体像を踏まえ、物事の背景に想像力を働かせる作業が必要に思えた。

「君が代丸」による済州島と大阪との労働者の行き来について、杉原達氏はその著書『越境する民』で、それは彼女、彼らが置かれた苦しい経済事情からの切実な選択であったと同時に、身奇麗になって帰郷してくる身近な人を見ていた若い女性にとっては、都市大阪への「あこがれ」となって組織されていったことに触れ、こう述べる。

「ここでおさえておくべきは、植民地支配の結果として故郷を離れることを余儀なくされるという『客観的な背景』が、島を出ようとする人々の主観にあっては、所得や文明なるものを求めてという形での『主体的選択』として表出せざるを得ないという落差の構造である。その意味をこそ、掘り下げねばならないであろう」（強調引用者）。

在日朝鮮人の多住地域に入り、文字を持たないハルモニたちの話を聞き、私の思考と指を介して活字にして、不特定多数に向けて発する。そこに行き、帰る私が、彼女たちの何を書きえるのか。語りえないこと、代弁しようがないことを切り取り、消費しているだけではないのかとの問いはつねにある。集住地域、多住地域に入るときに感じるえもいわれぬ緊張感の一端はこんな思いを淵源にしていると思う。

そんな思いを前提としていうと、このルポルタージュは私自身への探訪でもあった。本書を執筆していたころ、イスラエルのアラブ人監督、リマ・イーサ氏が撮ったドキュメンタリー映画『灰』（二〇〇一年、イスラエル）を観る機会を得た。一九四八年、ユダヤ人によるイスラム教徒とキリスト教徒への民族浄化、そしてイスラエルの建国、中東戦争を経た後、「侵略者の社会」にとどまり、イスラエルの市民権を得たアラブ人の母を、その娘である映画監督、おそらくは私と近い世代のリマ氏が問い詰める過程を記録した作品である。

彼女の父、詰問の相手である母の夫は、地元の警察官だった。イスラエル社会で市民権を取り、その社会のあまりに露骨な権力機構の一員として、治安維持に努めた父。あなたは何人なのか、なぜイスラエルの市民権を取ったのか。父はなぜ占領者の側に立ったのか。娘の問いかけに対して母は答えに窮し、時に声を荒げ、自らを納得させようとするかのように、「後悔はしてない」「私はイスラエルの市民である」と繰り返す。母親に対するあのような詰問は、私には出来ないと思った。正直、痛ましすぎる場面だった。幼少のころのさまざまな風景が浮かび上がってきて、鳥肌が立つような感すら抱いた。

「帰化者」である私の母も祖父母も、彼女らがどこから来て、どのようにして今に至るのか、私には決して語ろうとはしなかった。朝鮮系であることなど認めないこの社会で、私は彼女たちのとった決断を批判する気はまったくない。とはいえ、血を分けた肉親の来歴という、およそ人が人であることの根底ともいうべきものを「空白にされた」という屈折した感情は、隠しきれないものとして私の中にある。複数の出来事を通し、自らの出自への確信を深めていった一〇代の私が直面したのは、一方のルーツを表象するものが何一つないという事実だった。

だから、玄順任さんの発言は、その言葉の「正しさ」と「切れの良さ」ゆえに私をしばしば困惑させずにはおかなかった。彼女の発言の中でも、「後で（息子に）『ぼく（民族学校があったことを）知らなんだ』って言われたら親としてあまりに無責任やと思って」（Ⅶ章）は、私をとても混乱させた言葉の一つだ。ハルモニたちが生きた現実を聞く。そしてノートやテープに記録した声を再度、聞き、文章に書きつけていく。その過程は私にとって、彼女たちがその局面、局面において感じたであろう思いと対話を重ねることでもあった。と同時にそれは、私自身の祖母や母と対話することでもあった。葛藤や苦しみを含めた彼女たちの体験を追っていく作業、私自身の空白に向き合う作業でもあったように思う。

本書の執筆にあたり多くの方々にご協力いただいた。私の度重なる訪問とぶしつけな質問に長々と付き合い、個人史を語ってくれた五人のハルモニ、鄭福芝さん、鄭在任さん、高五生さん、金君子さん、玄順任さん。彼女たちがいなければ本書はなかった。そして金洙栄さん。金順喜さん。鄭禧淳さん。田川明子さん。また、訴訟事務局の鄭明愛さん。私がハルモニたちを訪問できたのは彼女とハルモニたちの信頼関係のおかげである。

積み上げた専門的蓄積を惜しげもなくご教示くださった京都大学の水野直樹さん、駒込武さん、龍谷大学の田中宏さん、「まめもやし」の宇野豊さん、「年金制度の国籍条項を完全撤廃する全国連絡会」の仲原良二さん、弁護士の丹羽雅雄さん、伊山正和さん、統計や訴訟資料では「旧植民地出身高齢者の年金補償裁判を支える全国連絡会」の皆さんに助けられた。弁護士の大杉光子さんには本書の全般にわたり的確な助言をいただいた。二〇〇枚に及ぶ写真を提供してくれたカメラマンの中山和弘さん。そして本書が世に出ることを可能にしてくださったインパクト出版会の深田卓さん。この場を借りて、あらためてお礼申し上げます。

人生の晩年を迎えたハルモニたちが踏み切った訴訟は、本書を脱稿した今も審理が進められている。「金じゃない。置き去りにされた人間として、死ぬ前に声をあげたい。その一心なんです」（鄭禧淳さん、第Ⅱ章）。二〇〇五年三月二四日、京都訴訟の第一回口頭弁論では、玄さんが原告団長として、約一〇分間、何十年もひっそりと胸にしまってきた思いを陳述した。
「今、原告になったことについては、私も子どもも孫も皆、税金払っていながら、なぜ年金もらえへんのやと、そこから出ました。裁判おこして皆がもらえるもんやったらと思いました。在日が年金もらえないのは、不公平や、使えるときはこき使って出すときに出さないのは卑怯やと思っています。植民地時代、戦争中は朝鮮人をみんな日本人としてこき使って、重労働、低賃金で使いたおして挙句の果てに戦争が終わったら利になることはみなカットされて、そしていまだに年金ももらえずに苦しんでいます。私たち旧植民地出身の被害者が、日本で死ぬまで『悪い』レッテルを貼られることなく、人間として当たり前の権利を保障されますよう、よろしうお願いします。そして、『とられた』方が悪いのか、『とった』方が良いのか、こんな法律てあるのか、これをはっきりと教えてください」。

日本の朝鮮実質支配から一〇〇年目の二〇〇五年五月。

二〇〇五年五月二五日、大阪地裁は「立法裁量論」を用いて、一世たちの請求を棄却した。

中村一成

中村一成（なかむらいるそん）
1969年　大阪生まれ。
新聞記者。在日外国人や難民、「病者」といった、「健全な国民」ならざる者たちをめぐる問題などをテーマに雑誌や機関誌、新聞などに執筆している。

声を刻む
在日無年金訴訟をめぐる人々

2005年 6月25日　第1刷発行

著　者　中 村 一 成
発行人　深 田 　卓
装幀者　田 中 　実
発　行　㈱インパクト出版会
東京都文京区本郷2-5-11 服部ビル
Tel03-3818-7576 Fax03-3818-8676
E-mail：impact@jca.apc.org
郵便振替　00110-9-83148

シナノ